MENTE MILIONÁRIA:
CONSTRUA SEU PRÓPRIO IMPÉRIO

TÍTULO ORIGINAL *Mente Millionaria*
© 2018 Gerardo García Manjarrez (Jerry)
© 2020 VR Editora S.A.

Latitude é o selo de aperfeiçoamento pessoal da VR Editora

DIREÇÃO EDITORIAL Marco Garcia
EDIÇÃO Marcia Alves
TRADUÇÃO Janaína Marcoantonio
PREPARAÇÃO Mariana Marcoantonio
REVISÃO Luciane Gomide
DESIGN Juana Oyuki Alvarez Borbolla e Cristina Carmona sobre projeto de Cecilia Aranda
DIAGRAMAÇÃO Equipe VR Editora

Dados Internacionais de Catalogação na Publicação (CIP)
(Câmara Brasileira do Livro, SP, Brasil)

García Manjarrez, Gerardo
Mente milionária: construa seu próprio império / Gerardo Garcia Manjarrez; [tradução Janaína Marcoantonio]. – Cotia, SP: VR Editora, 2020.

Título original: Mente millonaria
ISBN 978-65-86070-10-1

1. Dinheiro – Administração 2. Educação financeira 3. Finanças pessoais I. Título.

20-43985 CDD-332.024

Índices para catálogo sistemático:
1. Finanças pessoais: Economia financeira 332.024
Cibele Maria Dias – Bibliotecária – CRB-8/9427

Todos os direitos desta edição reservados à
VR EDITORA S.A.
Via das Magnólias, 327 – Sala 01 | Jardim Colibri
CEP 06713-270 | Cotia | SP
Tel.| Fax: (+55 11) 4702-9148
vreditoras.com.br | editoras@vreditoras.com.br

GERARDO GARCÍA MANJARREZ

MENTE MILIONÁRIA

CONSTRUA SEU PRÓPRIO IMPÉRIO

LATITUDE°

SUMÁRIO

INTRODUÇÃO 8

CAPÍTULO 1 DESNUTRIÇÃO FINANCEIRA 12
Todos nós podemos conseguir grandes vitórias
Desenvolva as suas capacidades naturais
Uma vida próspera
Uma história para contar
Gere abundância
Quer conhecer um segredo?
Resumo

CAPÍTULO 2 O SEGREDO DA NUTRIÇÃO FINANCEIRA.. 27
Caminhe rumo ao progresso financeiro
Quem tem mais?
Concentre-se nos seus pontos fortes
Uma história para contar
Gere abundância
Quer conhecer um segredo?
Resumo

CAPÍTULO 3 OS PILARES DA ABUNDÂNCIA 43
O poder da visualização
Uma mente criadora e um DNA monetário
O poder do empoderamento
Uma história para contar
Gere abundância
Quer conhecer um segredo?
Resumo

CAPÍTULO 4 SAIA DA SUA ZONA DE CONFORTO ... 58
Comece dando pequenos passos
Uma mudança necessária
Decodificando estratégias milionárias
Uma história para contar
Gere abundância
Quer conhecer um segredo?
Resumo

CAPÍTULO 5 A GRANDE EDUCAÇÃO DOS MILIONÁRIOS 74
Adquira educação financeira
Use a sua inteligência emocional
Tenha uma atitude milionária
Uma história para contar
Gere abundância
Quer conhecer um segredo?
Resumo

CAPÍTULO 6 A SABEDORIA DO DINHEIRO 89
O verdadeiro milionário
Construa a sua realidade
Criatividade e riqueza
Uma história para contar
Gere abundância
Quer conhecer um segredo?
Resumo

CAPÍTULO 7 A NOVA ECONOMIA 107
Identifique o que você gosta
Monetize os seus talentos
Desenvolva um plano estratégico
Uma história para contar
Gere abundância
Quer conhecer um segredo?
Resumo

CAPÍTULO 8 OS PRÓXIMOS MILIONÁRIOS 123
Torne-se autodidata
Crie hábitos milionários
Monte sistemas
Uma história para contar
Gere abundância
Quer conhecer um segredo?
Resumo

CAPÍTULO 9 PROSPERIDADE NA VIDA A DOIS 140
Diga-me como estão as suas finanças e eu lhe direi como está o seu relacionamento
Casais com inteligência financeira
O dinheiro: o terceiro na discórdia
Uma história para contar
Gere abundância
Quer conhecer um segredo?
Resumo

CAPÍTULO 10 PADRÕES DE COMPORTAMENTO FINANCEIRO..........156

Conheça as suas feridas financeiras
Ganhe dinheiro de maneira consciente
Quite as suas dívidas
Uma história para contar
Gere abundância
Quer conhecer um segredo?
Resumo

CAPÍTULO 11 AS MÁXIMAS DA MENTE MILIONÁRIA..........171

Programe a sua mente milionária

CAPÍTULO 12 DIRETRIZES PRÁTICAS PARA AS SUAS FINANÇAS..........180

A poupança é o combustível
Mônaco versus Rússia (dívida pequena ou dívida grande)
Investimento e dinheiro na era digital
Minhas recomendações
A união faz a força

EPÍLOGO..........194
AGRADECIMENTOS..........199

INTRODUÇÃO

Dizem que o dinheiro não dorme, mas é certo que ele também não está acordado. O dinheiro não foge nem zomba de você. Sequer o vê como um bom ou mau aliado. Não queima, não é esquivo nem rancoroso, tampouco é maldito. Somos nós que lhe damos outros nomes e designações, porque assim tratamos de entendê-lo, atribuindo a ele qualidades que não tem. E acreditamos que, dessa maneira, talvez possamos melhorar a nossa relação com ele, mas nada está mais distante da realidade. Precisamos nos responsabilizar e romper com os velhos paradigmas em torno do assunto.

Criamos obstáculos e limitações desnecessárias porque não temos consciência de como funciona o sistema financeiro na era em que vivemos. E, por causa das dívidas econômicas, da administração inadequada dos nossos fundos e de uma infinidade de outras situações, desenvolvemos maus hábitos financeiros. Todos nós sentimos que ficamos presos e sem saída dentro deles, embora sempre busquemos uma mão que nos ajude a levantar em meio a tanta agitação.

Assim como a maioria das pessoas, em meus primeiros anos do ensino fundamental jamais tive uma matéria sobre educação financeira ou inteligência emocional. Ninguém

me ensinou a viver uma vida plena sem ter que me sentir encurralado e frustrado pela questão monetária. Tive que aprender aos trancos, trabalhar duro e sobreviver com um grande peso nos ombros. Este livro é dedicado a todas as pessoas que se sentem desesperançadas, mas também servirá àquelas que se encontram na posição contrária, confirmando ainda mais os meus argumentos.

Todos nós temos algo para modificar: alguns querem poupar, outros buscam pagar dívidas, e há aqueles que desejam investir. Não importa sua situação, não importa sua idade ou a que se dedica, se o dinheiro é um recurso abundante na sua vida ou se é escasso. Não importa se você é empreendedor, funcionário, pequeno empresário, se já tem um negócio montado ou se está prestes a empreender um projeto novo. Este livro é para você.

Levamos um grande tesouro sobre os ombros: chama-se mente. E ela pode ser milionária, desde que você queira. Dedico a você estas linhas que convidam a ter uma vida leve, mas com bases sólidas. Este projeto é para você e por você, já que qualquer realidade pode ser transformada quando incorporamos novas ferramentas e adquirimos novos hábitos. Aqui descobriremos a chave mestra que abre as portas para uma vida de esperança, cheia de nutrição financeira e de riqueza, valendo-nos de seus dons e suas habilidades.

Mente milionária não trata apenas de dinheiro, e sim de superar a bancarrota mental causadora de tanta pobreza no mundo. Este livro é uma ferramenta para que você seja abundante, com estratégias de poupança, métodos de investimento e, o mais importante, com exercícios para colocar em prática seus conteúdos. O objetivo final é que você encontre a sua própria liberdade.

Cada capítulo está composto por uma primeira parte teórica, que combina educação financeira, inteligência emocional, motivação e desenvolvimento pessoal. Em seguida, você encontrará uma história que exemplifica o que foi apresentado antes, para então passar à parte prática, para a qual você necessitará de um caderno e uma caneta à mão para fazer os exercícios. Ao final de cada capítulo, encontrará um pequeno segredo, que eu prometo que será de grande ajuda para a sua nova vida financeira.

Mente milionária fará você descobrir a luz desta maravilhosa verdade: todos nós podemos alcançar uma vida de liberdade financeira com a mentalidade correta. Escrevi este livro porque padeci muitas batalhas econômicas, emocionais e espirituais, e vejo que é urgente e necessário gerar uma mudança, uma transformação positiva em cada um desses aspectos. Você pode ser livre e feliz. Acredite. Visualize. Torne possível. Você tem em mãos o guia perfeito que o ajudará a encontrar o caminho. Avante!

CAPÍTULO 1

DESNUTRIÇÃO FINANCEIRA

POR QUE PARA ALGUNS É TÃO DIFÍCIL PRODUZIR RIQUEZA E PARA OUTROS PARECE TÃO FÁCIL? POR QUE MUITOS PASSAM O TEMPO PERSEGUINDO O DINHEIRO COM AFÃ, GASTANDO ENERGIAS E SEM DESFRUTAR DA VIDA, ENQUANTO OUTROS PREFEREM ESPERAR CALMAMENTE POR UM GOLPE DE SORTE? O QUE ACONTECE SE EU QUISER GANHAR MAIS, MAS NÃO SOUBER COMO? OU: POR QUE EU ME ENDIVIDO E ME PROGRAMO PARA REALIZAR OS PAGAMENTOS, MAS NÃO CONSIGO QUITAR A DÍVIDA? SE O DINHEIRO AFETA TUDO O QUE NOS RODEIA, O MAIS LÓGICO SERIA PENSAR EM NOS EDUCAR SOBRE ESTE ASSUNTO. SE NINGUÉM LHE EXPLICOU COMO SE RELACIONAR COM O DINHEIRO, AQUI VOCÊ ENCONTRARÁ O GUIA QUE ESTAVA PROCURANDO, INDEPENDENTEMENTE DA SUA SITUAÇÃO ATUAL. VOCÊ PODE GERAR UMA MUDANÇA SUBSTANCIAL NA SUA VIDA DESENVOLVENDO OS NUTRIENTES FINANCEIROS CORRETOS. A AJUDA QUE VOCÊ NECESSITAVA, AGORA, ESTÁ EM SUAS MÃOS. PORTANTO, ACOMODE-SE E APROVEITE A VIAGEM.

TODOS NÓS PODEMOS CONSEGUIR GRANDES VITÓRIAS

Em grande medida, a vida implica aprender a viver de forma leve, mas entendendo os princípios fundamentais da abundância. Desse modo, conseguiremos alcançar o banquete econômico do mundo sem temores, desespero, nem avareza desmedida. Portanto, precisamos conhecer como funciona o dinheiro em nosso sistema. Infelizmente, isso não é ensinado nas escolas; tampouco se fala sobre inteligência emocional, e muito menos sobre educação financeira. Por isso, vamos nos deter neste ponto um instante.

EM QUE CONSISTE A EDUCAÇÃO FINANCEIRA?

- Saber como funciona o dinheiro em geral e a vida das pessoas.

- Entender como produzir, conservar e multiplicar o dinheiro para colocá-lo a serviço dos demais, gerando bem-estar em sua família e na sociedade.

- Desenvolver as habilidades necessárias para administrá-lo bem.

Muitos costumam dizer: "Quando eu tiver tal coisa material, serei isto"; "Quando alcançar tal cargo na minha empresa, serei uma pessoa melhor"; "Quando quitar esta dívida, serei feliz". Grande erro. Não espere ter para chegar a ser. Ao fazer isso, deixamos de olhar a pessoa que somos no presente e postergamos sonhos e ambições, o que nos leva ao caminho errado. Todos nós temos uma tendência a buscar gratificações imediatas. Obviamente, ninguém quer gastar tempo e esforço sem conseguir algo em troca no menor tempo possível. À primeira vista, não haveria mal algum nisso. O problema é que essas recompensas rápidas nos impedem de ir em busca de algo melhor. Para combater as gratificações imediatas, devemos começar com um propósito muito firme, nos aferrar aos nossos ideais com grande convicção e construir um forte compromisso com uma mentalidade milionária 24 horas por dia. O mais importante é ser capaz de administrar o que você tem para que o universo lhe dê mais. Aí está a chave.

Você se estressa por saber que o dinheiro nunca é suficiente para chegar ao fim do mês e passa a vida reclamando de dureza? Conheço essa sensação: eu a vivi mil vezes. Mas o maior problema é este: ao reclamar da nossa realidade, temos e transmitimos pensamentos de escassez aos demais e violentamos

> VOCÊ PODE GERAR UMA MUDANÇA SUBSTANCIAL NA SUA VIDA DESENVOLVENDO OS NUTRIENTES FINANCEIROS CORRETOS.

NÃO ESPERE TER PARA CHEGAR A SER.

o nosso interior. Isto é, apenas perpetuamos essa condição. Afinal, uma pessoa que não está tranquila, que vive reclamando do que não tem, não consegue pensar direito, e menos ainda se empenhar em descobrir para que veio ao mundo. Por isso é tão importante entender que a qualidade dos pensamentos determina grande parte do sucesso na vida dos seres humanos. Sendo assim, é fundamental nutrir a sua mente e desenvolver bons hábitos para chegar aonde você quer. Pensar não mata; ao contrário, nos dá vida e nos desperta. Quando você dá à mente os nutrientes corretos, obtém pensamentos de qualidade para avançar.

> TODOS NÓS TEMOS AS MESMAS OPORTUNIDADES. SÓ PRECISAMOS NOS NUTRIR FINANCEIRAMENTE.

DESENVOLVA AS SUAS CAPACIDADES NATURAIS

O dinheiro não determina quem você é, e sim como você ajuda os outros com as suas capacidades naturais. Ainda que vivamos em tempos de mudança que provocam incertezas, não devemos deixar que isso mate os nossos sonhos, nem que a motivação desapareça, nem que a vontade de viver termine consumida por um dos principais males deste século: a desnutrição financeira.

Estamos adquirindo dívidas graves, temos maus hábitos financeiros, somos desorganizados nas atividades que desempenhamos, temos trabalhos monótonos, fazemos compras compulsivas e até sofremos transtornos emocionais por causa do dinheiro. Explico por quê: ==gastar dinheiro nos dá tanta satisfação que nos permitimos gastar mais do que ganhamos==. Mas isso pode nos levar a uma grande crise econômica da qual possivelmente nunca poderemos sair. E, então, por que acontece? Simplesmente porque não estamos nutridos em termos financeiros. Isto é, não temos educação financeira e, além disso, não estamos usando as nossas capacidades naturais para gerar riqueza em nossas vidas. Aceitamos o primeiro trabalho que encontramos porque o sistema nos força a isso, quando deveríamos ter consciência dos nossos dons naturais. Muitas pessoas subestimam os dons que possuem e terminam sentindo-se frustradas e irritadas o tempo todo. Mas quero dizer uma coisa: absolutamente todos nós somos bons em algo. No entanto, é preciso dizer, não basta conhecer e monetizar essas capacidades naturais que temos, pois é necessário nutri-las e trabalhar nelas todos os dias. Dou um exemplo: um craque do futebol tem que treinar e se aperfeiçoar diariamente para poder explorar seu talento e trabalhar em equipe no momento de estar no campo, para ganhar a partida. Em outras palavras, não é suficiente apenas conhecer suas capacidades naturais para alcançar o sucesso: é preciso ter a motivação correta, além de disciplina e constância. Vejamos o caso do jogador argentino Lionel Messi. Ele treina todos os dias, apesar de fazer mágica com a bola e de ganhar milhões de dólares. Isso significa que ele potencia suas capacidades para explorá-las ao máximo. Se considerar o que acaba de ler, você ==perceberá que é necessário que exista uma mudança profunda em seu interior, para que você transforme o seu contexto e troque o seu chip mental por um que nutra o seu propósito de vida==. Além disso, é preciso que você se aproxime das pessoas corretas e evite estar com pessoas nocivas que roubam a sua energia e lhe transmitem mensagens negativas que não agregam nada. Para ser uma pessoa abundante, é fundamental que a mesma abundância habite a sua mente e o seu coração. Ninguém pode chegar a ser próspero com uma mentalidade de escassez.

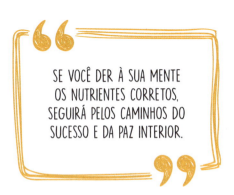

> SE VOCÊ DER À SUA MENTE OS NUTRIENTES CORRETOS, SEGUIRÁ PELOS CAMINHOS DO SUCESSO E DA PAZ INTERIOR.

O DINHEIRO NÃO DETERMINA QUEM VOCÊ É, E SIM COMO VOCÊ AJUDA OS OUTROS COM AS CAPACIDADES NATURAIS QUE JÁ POSSUI.

UMA VIDA PRÓSPERA

Falou-se muito do ex-boxeador norte-americano Mike Tyson, que, apesar de ter ganhado milhões de dólares ao longo de sua carreira, hoje está praticamente falido. Seu caso nos faz lembrar que ter dinheiro hoje não garante que o conservaremos a vida inteira. E é aqui que percebemos que o problema não é a falta de dinheiro, e sim a ausência de uma educação financeira.

> **PARA SER UMA PESSOA ABUNDANTE, É FUNDAMENTAL QUE A MESMA ABUNDÂNCIA HABITE A SUA MENTE E O SEU CORAÇÃO.**

A verdadeira prosperidade consiste em saber gerar, aumentar, proteger e compartilhar a riqueza. Ter uma vida próspera implica alimentar a nossa mente com os nutrientes corretos, assim como você faz com os alimentos que leva à boca para obter energia e desempenhar as suas diversas atividades diárias. O que os verdadeiramente ricos fazem todos os dias é ter hábitos sadios, que incluem nutrir a mente, o corpo e o espírito, encontrar a fé em si mesmos, afastar-se de pessoas negativas, alimentar-se de maneira saudável e praticar atividade física. Meditar, ler biografias de pessoas bem-sucedidas, assistir a seminários e aperfeiçoar a arte da boa administração. Em suma, o que promovem é convencer sua mente de que os limites não existem, já que isso lhes dá as bases necessárias para gerar riqueza contínua em sua vida. A isso é preciso acrescentar a capacidade natural que existe em você, isto é, aquilo em que você é realmente bom, e que é o ingrediente principal que fortalece a sua grandeza como ser humano. Não chegamos desprotegidos a este mundo. Todos temos uma centelha interior e uma habilidade natural que se reconhece quando algo nos entusiasma, que faz que cada momento seja único e nos motiva a levantar da cama com disposição. ==É um impulso==, uma energia que nos convida a ter uma atividade harmoniosa que nos gere bem-estar.

Por exemplo, a minha centelha interior me convida a escrever diariamente e isso faz que meus dias tenham um sentido muito especial. Agora falemos de prosperidade...

EM QUE CONSISTE?

- O termo não se refere apenas a aspectos materiais: também adquire um sentido mais amplo e integral, já que você pode ser próspero na esfera familiar, em suas amizades, no plano espiritual e em suas atividades laborais.

- A prosperidade abarca o que cada ser humano necessita para estar em harmonia com o meio à sua volta, pois cria um ambiente saudável e traz paz ao seu coração.

- ==Ser próspero tem a ver com ser abundante, isto é, ter muito de tudo e de maneira equilibrada. Porque de nada lhe servirá ter dinheiro, mas não ter saúde.==

As pessoas desnutridas financeiramente e com mentalidade de escassez costumam gerar bem pouca riqueza e, quando conseguem, fazem isso movidas pelo desespero. Algumas chegam inclusive a roubar e a trapacear, porque não sabem como ter prosperidade na vida e acreditam que a única saída é prejudicar seus semelhantes.

Neste ponto, quero convidá-lo a se nutrir daquilo que gera valor para você. Por exemplo, pense em que tipo de vida você gostaria de viver. Pegue uma folha e escreva quais são os seus pontos fortes para chegar lá. Depois, imagine e determine o caminho que aproximará você desse tipo de vida, e a melhor maneira de percorrê-lo. Com isso, não me refiro apenas à questão financeira; pode ser qualquer área que fortaleça o seu desenvolvimento pessoal, isto é, aquilo que o faça feliz. Algumas pessoas investem em bons pneus para seus carros, mas não em seu desenvolvimento pessoal, e por isso não melhoram seu crescimento. Pagar o melhor seminário de liderança ou, talvez, assistir a uma conferência do melhor guru em administração devem ser um investimento primordial. Você sempre deve fazer tudo o que estiver ao seu alcance, e mais, para se tornar a melhor versão de si mesmo. Assim, será uma pessoa de excelência. Assim, obterá uma mentalidade milionária.

> TODOS NÓS TEMOS UMA CENTELHA INTERIOR E UMA HABILIDADE NATURAL.

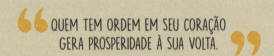

" QUEM TEM ORDEM EM SEU CORAÇÃO GERA PROSPERIDADE À SUA VOLTA. "

UMA HISTÓRIA PARA CONTAR

Há algum tempo, fui com meu filho ao supermercado. E, como é comum em uma criança de sua idade, ele me pediu para ir à seção de brinquedos. De repente me falou:

— Papai, este brinquedo não é caro, podemos comprar?

E foi assim que questionei sua pergunta:

— Por que você sempre se preocupa em saber se algo de que gostou custa caro?

Sua resposta foi contundente, como sempre.

— É que eu ouço as pessoas dizerem: "Não, não podemos comprar isso porque é muito caro, hoje não". Parece que todos os adultos sempre dizem a mesma coisa.

Nesse momento, fiquei sem palavras, e percebi que estamos criando falsos paradigmas para as gerações futuras.

Eu disse a ele:

— É claro que você pode ter este brinquedo, mas precisa economizar e cumprir com as suas obrigações. Cada moeda que eu te dou para a escola pode se transformar em um amigo que vai te ajudar a comprar este brinquedo de que você gosta. Então, cada vez que gostar de alguma coisa, eu quero que você lute por isso e imagine o seu cofrinho cheio de moedas. Quando estiver cheio, você pode vir comigo comprar este brinquedo de que tanto gostou. Mas precisa lembrar que deve ser responsável e fazer as suas lições, cumprir com os seus deveres em casa e se comportar bem.

Seu rosto mudou, porque ele já sabia que existia uma possibilidade de ter todos os brinquedos de que gostasse. No fundo, o que é que eu procurava infundir em meu filho? Eu queria semear a ideia de que ele, desde pequeno, deve lutar por aquilo que quer, que tenha uma mentalidade de abundância e seja responsável com suas obrigações. Assim, criará hábitos saudáveis porque saberá que economizar cada moeda será difícil e terá que ser constante para encher seu cofrinho. Precisará se esforçar para conseguir o que quer e saberá que nem tudo se obtém facilmente, mas ao mesmo tempo tomará consciência de que pode obter o que desejar.

A intenção final era que ele sentisse uma pequena frustração motivadora para evitar as gratificações imediatas. Com educação financeira, qualquer pessoa pode cumprir suas metas e ambicionar o que quiser, porque tem as ferramentas e os nutrientes necessários.

GERE ABUNDÂNCIA

Analise a sua atual situação com o dinheiro e anote o que pensa em seu caderno. Assim, você poderá ver como se encontra a sua nutrição financeira.

1. Que crenças sociais limitam a sua relação com o dinheiro?
Isto é, como você foi programado, e o que escutava à sua volta? Por exemplo, você estava acostumado a escutar frases como: "O dinheiro o afastará da felicidade", "Você se tornará uma pessoa avarenta" etc.?

2. Que crenças herdadas da sua família o limitam com relação ao dinheiro?
Em muitas ocasiões, em nossas famílias temos arraigada certa cultura com relação ao dinheiro. Inclusive, para alguns, falar sobre dinheiro é um tabu, ou simplesmente falta de educação. Por isso, é importante que você seja consciente de tudo aquilo que o limita e o impede de se nutrir financeiramente.

3. Qual é a sua atitude atual com relação ao dinheiro? Você está irritado, angustiado, desesperado, indiferente?
Expresse-a com detalhes. Nesse ponto, você pode recordar alguma história ou situação que o tenha marcado de maneira negativa. Por exemplo, talvez quando criança você se

sentisse mal por não poder ter o jogo de video game ou o brinquedo da moda que todas as outras crianças tinham. E, ao se sentir excluído do seu círculo de amigos por causa disso, você talvez tenha guardado rancor com relação ao dinheiro ou aos seus pais.

4. Como é hoje a prosperidade em seu meio (família, casa, amigos, trabalho)?
O que as pessoas que o cercam pensam sobre a prosperidade? São prósperos alguns, todos, nenhum?

QUER CONHECER UM SEGREDO?

SE DESEJA ABUNDÂNCIA EM SUA VIDA, NUTRA A SUA MENTE E AS SUAS EMOÇÕES. VOCÊ PODE LER TODOS OS DIAS, DURANTE TRINTA MINUTOS, ASSUNTOS RELACIONADOS COM O DINHEIRO E COM A INTELIGÊNCIA EMOCIONAL. VOCÊ NOTARÁ A DIFERENÇA EM POUCAS SEMANAS.

RESUMO

MENTE APAGADA
- AUSÊNCIA DE SONHOS E AMBIÇÕES
- DESORDEM FINANCEIRA
- HÁBITOS DE ESCASSEZ
- FALTA DE DINHEIRO
- DESCONHECIMENTO DOS SEUS PONTOS FORTES
- DESCONCERTO EMOCIONAL
- FALTA DE VONTADE E DE DETERMINAÇÃO

} **DESNUTRIÇÃO FINANCEIRA**

MENTE MILIONÁRIA
- AMBIÇÃO SAUDÁVEL
- CRIATIVIDADE FINANCEIRA
- HÁBITOS DE RIQUEZA
- ABUNDÂNCIA
- IDEIAS RENTÁVEIS (MONETIZA OS SEUS TALENTOS)
- EQUILÍBRIO EMOCIONAL
- FORÇA MENTAL

} **NUTRIÇÃO FINANCEIRA**

CAPÍTULO 2

O SEGREDO DA NUTRIÇÃO FINANCEIRA

PARA OBTER MUDANÇAS SIGNIFICATIVAS, VOCÊ PRECISA COMEÇAR A AGIR DE UM MODO DIFERENTE. A MANEIRA INDICADA É RENOVAR-SE E ESTAR EM CONSTANTE APRENDIZAGEM. É NECESSÁRIO ALIMENTAR TODOS OS DIAS ESSA CENTELHA INTERIOR QUE NOS MANTÉM EM MOVIMENTO E DÁ UM SENTIDO À NOSSA REALIDADE. DESSE MODO, GARANTO QUE VOCÊ VERÁ O INÍCIO DE UMA MUDANÇA EM SI MESMO QUE LHE PERMITIRÁ BRILHAR E ILUMINAR O SEU CAMINHO. PORTANTO, SE VOCÊ QUER ALCANÇAR A TÃO SONHADA LIBERDADE FINANCEIRA, EM QUE VOCÊ NÃO TEM QUE SE PREOCUPAR COM A PARTE MONETÁRIA DA SUA VIDA, PRECISA REALIZAR MUDANÇAS SUBSTANCIAIS DE FUNDO. TODO AQUELE QUE DESEJA QUE SUA ECONOMIA MUDE DEVERÁ NUTRIR SUA MENTE E DESENVOLVER NOVOS HÁBITOS. DESAPRENDER O APRENDIDO É A PRIMEIRA PARTE DESSE PROCESSO. VOCÊ NÃO ESTÁ AQUI SOMENTE PARA PAGAR DÍVIDAS, E SIM PARA EVOLUIR, VIVENDO PLENO E FELIZ.

CAMINHE RUMO AO PROGRESSO FINANCEIRO

Vivemos em um mundo de abundância, onde com frequência nos fizeram acreditar que o dinheiro é escasso, mas nada está mais distante da realidade. Deixe-me dizer que o que sobra é dinheiro. Portanto, um mundo cheio de prosperidade e liberdade está à sua espera para que você o aproveite e progrida financeiramente.

EM QUE DEVE SE SUSTENTAR O PROGRESSO FINANCEIRO?

- Manter uma boa saúde física.
- Desenvolver uma boa relação com o dinheiro.
- Manter boas relações pessoais.
- Cultivar a sua inteligência emocional e financeira.
- Descobrir as suas capacidades e qualidades.
- Monetizar as suas capacidades e qualidades.
- Desenvolver hábitos milionários.

MANTER UMA BOA SAÚDE FÍSICA. Este ponto é essencial, já que manter um bom estado de saúde lhe permite ter clareza mental, assim como as motivações corretas que se requerem para ser feliz e desfrutar da abundância. Quando se sente bem por dentro e em bom estado físico, você projeta isso para o exterior. Faça atividade física e se abasteça da energia correta. Valorize e cuide da sua saúde, que é um tesouro.

> VIVEMOS EM UM MUNDO DE ABUNDÂNCIA, QUE COM FREQUÊNCIA NOS FAZ ACREDITAR QUE O DINHEIRO É ESCASSO, MAS ESSA IDEIA É MUITO DISTANTE DA REALIDADE.

DESENVOLVER UMA BOA RELAÇÃO COM O DINHEIRO. O dinheiro é neutro, pode ser encontrado por qualquer pessoa e não faz distinções. E se o que mais abunda neste mundo é a riqueza, só me resta perguntar: você está preparado para ela? Faça as pazes com o dinheiro se ainda o considera alheio ou carregado de valores negativos. E não o veja como algo inalcançável, porque as suas emoções podem estar afetando a sua relação com ele. De agora em diante, o dinheiro é seu amigo.

MANTER BOAS RELAÇÕES PESSOAIS. É vital estar cercado das pessoas corretas. No caminho que levará você a ter uma vida de abundância e com uma mentalidade milionária, busque pessoas que agreguem valor à sua vida e que lhe permitam sonhar grande. Isso se aplica a cônjuges, amizades, parentes etc. Não se cerque de pessoas que só trazem conversa fiada e invenções e criticam pelas costas qualquer mudança que você possa estar fazendo em sua vida. São aquelas que dizem o tempo todo que os ricos são pessoas más, avarentas e desprezíveis, mas no fundo invejam a riqueza deles. Tenha cuidado com elas, porque sempre vão terminar sabotando os seus projetos.

CULTIVAR A SUA INTELIGÊNCIA EMOCIONAL E FINANCEIRA. Como estão as suas emoções hoje? Como você está superando os obstáculos financeiros do dia a dia? Suas emoções o controlam ou você as controla? Seus pensamentos o limitam ou lhe deixam uma sensação de grandeza? Entendo que, todos os dias, existem desafios enormes e inúmeras dificuldades que nos impedem de ter consciência do que pensamos e do que deixamos entrar em nossa mente. Por isso, quero dar um conselho: toda riqueza é gestada primeiro dentro de nós. Do contrário, como alguém pode aspirar a gerar abundância em sua vida se for negativo o tempo todo e não estiver em equilíbrio? Como você pretende administrar melhor suas finanças se nunca pesquisou ou estudou sobre inteligência financeira?

DESCOBRIR AS SUAS CAPACIDADES E QUALIDADES. Se ainda não estão claras para você, não se preocupe. Comece perguntando para si mesmo: o que o faz feliz? O que o inspira? Com o que você sonha? O que traz paz ao seu coração? O que faz com que você se levante emocionado pela manhã? Como você se vê no futuro? Sobre o que você fala sem ver o tempo passar? O que faz você se sentir orgulhoso perante os demais? Tome seu tempo para responder a essas perguntas. Se possível, pegue lápis e papel e isole-se em um lugar sem barulho e com a tranquilidade necessária para responder. A forma mais rápida de expandir a sua alma e nutri-la de riqueza é encontrar aquilo que o faz feliz.

MONETIZAR AS SUAS CAPACIDADES E QUALIDADES. Não basta conhecer aquilo em que somos bons: devemos trabalhar com essas capacidades para gerar abundância. Quantas vezes nos deparamos com pessoas muito talentosas, com habilidades incríveis e muito criativas, mas que se encontram na ruína absoluta? Podemos ver pessoas nas ruas tocando algum instrumento de maneira extraordinária e recebendo uma moeda. Ou encontramos algum artista tentando vender seus quadros a preços muito baixos em um parque, sem sucesso. Eles já têm metade do ciclo. A outra metade é aprender a criar e desenhar um modelo de negócio ideal para que o dinheiro chegue até eles em quantidades maiores. Se você não sabe como monetizar as suas capacidades, a engrenagem econômica se estagna. Devemos entender que cada pessoa e seus dons naturais são uma empresa e, como tal, é necessário aprender a administrá-la.

DESENVOLVER HÁBITOS MILIONÁRIOS. A maneira como uma pessoa fala e se comporta é o reflexo fiel de seus pensamentos. Ninguém pode chegar a experimentar abundância e riqueza em sua vida tendo os hábitos típicos de uma mentalidade de escassez. É como pedir a um recém-nascido que comece a caminhar: ele não pode fazer isso, porque seu organismo não amadureceu para dar esses primeiros passos. Se aspiramos a ter e desenvolver hábitos que nos levem à liberdade financeira, também precisamos nos espelhar nessas grandes figuras que a conquistaram. Eu estudei as biografias de milionários os quais admiro. E você? O que está esperando para fazer isso? Neste mundo, há dois tipos de pessoas: as que fazem o que têm que fazer para gerar riqueza e as que estão em uma batalha interminável consigo mesmas por não contar com uma determinação voraz nem com a constância requerida.

FAÇA AS PAZES COM O DINHEIRO SE AINDA O CONSIDERA ALHEIO OU CARREGADO DE VALORES NEGATIVOS.

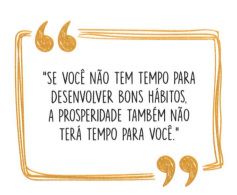

"SE VOCÊ NÃO TEM TEMPO PARA DESENVOLVER BONS HÁBITOS, A PROSPERIDADE TAMBÉM NÃO TERÁ TEMPO PARA VOCÊ."

QUEM TEM MAIS?

Não se trata apenas de ganhar dinheiro. Você precisa contar com a capacidade de administrar e duplicar o que possui com responsabilidade e consciência. Afinal, não tem mais quem ganha mais, e sim quem demonstra uma boa gestão de seu tempo e de suas capacidades.

Foque em saber administrar e agregar valor ao mundo. Você precisa dar para poder receber. O problema surge quando você quer ter e ganhar milhões, mas não dá nada em troca, ou nem sequer age para alcançar os seus sonhos. Como mencionei antes, não é certo primeiro pensar no que você quer ter para depois ser. Esqueça isso. ==Você pode adquirir uma mente milionária hoje mesmo, e para isso não precisa de nada além da sua determinação.==
Eis uma chave fundamental a esse respeito: se você oferecer soluções, o mundo lhe dará muito mais do que você necessita. Um milionário é alguém que ofereceu soluções – e, portanto, valor – a milhões de pessoas. Muitos buscam descobrir como se aproveitar de alguém ou de alguma situação para poder ter. Mas você percebe o erro que existe nesse pensamento? Numa operação comercial de qualquer tipo, normalmente as pessoas com uma mentalidade de

escassez querem ganhar e querem que a outra parte perca. No entanto, numa operação comercial saudável, não devemos violentar a natureza do intercâmbio: toda operação deveria terminar em uma situação de ganha-ganha. Isto é, em toda operação comercial, você nunca deve perder de vista que todos devem ganhar com ela. A quantidade de riqueza que você tem é diretamente proporcional ao valor que está criando e entregando. As pessoas vão querer o seu produto ou serviço e vão querer pagar por ele devido ao valor que você lhes agrega. Outro aspecto muito importante é que muitos estão totalmente convencidos de que existe uma só forma de gerar renda: trocando seu tempo por dinheiro. Mas este não é o único caminho. Você pode ser empregado, empregador ou ambos. Tudo dependerá de quanta determinação você tiver. Portanto, tire esse pensamento da cabeça. Há várias formas de gerar renda; trocar seu tempo por dinheiro é apenas uma delas. Não há mal algum em ser empregado; o mal é pensar que esta é a única fonte de renda possível. Muitos dependem de uma fonte de renda estável e constante, mas também há outros que acreditam que tudo se baseia em resultados. Portanto, se seus resultados são bons, o pagamento será ótimo. Desse modo, você escolhe: prefere ganhar por tempo ou por resultados?

SE ASPIRAMOS A TER E DESENVOLVER HÁBITOS QUE NOS LEVEM À LIBERDADE FINANCEIRA, TAMBÉM PRECISAMOS NOS ESPELHAR NESSAS GRANDES FIGURAS QUE A CONQUISTARAM.

SE VOCÊ OFERECER SOLUÇÕES, O MUNDO LHE DARÁ MUITO MAIS DO QUE VOCÊ NECESSITA.

Enquanto você pensa na resposta, eu só direi uma coisa: se você é empregado, seja de elite, dos melhores – que o seu trabalho seja valorizado e você, requisitado. Mas também dedique um minuto por dia para pensar na possibilidade de combinar as suas responsabilidades na empresa com buscar fontes de renda alternativas. Gerar mais fluxos de dinheiro provenientes de diversas fontes não é uma ideia descabida. Por isso falo do valor que podemos oferecer, porque é um meio adicional para obter mais renda. Para fazer isso, você só precisa ter disposição . Se combinar o seu emprego com projetos próprios, ou onde puder oferecer resultados, estará no caminho para conseguir uma mente milionária. E um empregado com essa mentalidade oferece muito mais do que tempo e resultados.

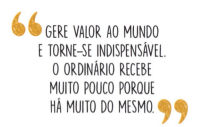

> GERE VALOR AO MUNDO E TORNE–SE INDISPENSÁVEL. O ORDINÁRIO RECEBE MUITO POUCO PORQUE HÁ MUITO DO MESMO.

CONCENTRE-SE NOS SEUS PONTOS FORTES

Tudo é possível nesta vida. Tanto o bom quanto o ruim. Por exemplo, e ainda que pareça estranho, é claro que é possível conceber uma vida cheia de liberdade econômica sem antes ter potencializado as suas capacidades. Mas isso eu não recomendo, simplesmente porque não é o caminho para se obter uma mente milionária.

Quando realizamos atividades que envolvem capacidades diferentes dos nossos dons e habilidades naturais, costuma surgir, no mínimo, uma leve sensação de incômodo, que às vezes é quase imperceptível, mas existe. E essa sensação é uma das principais culpadas da desmotivação e da busca afanosa por dinheiro sem poder encontrá-lo. Quando estamos desconformes, reclamamos muito da nossa situação e guardamos inveja e ressentimento daqueles que se saem melhor do que nós. O motor que nos impulsa não é o correto. E é muito provável que, desse modo, nossa vida se torne, dia após dia, um infrutífero corre-corre monetário. Para evitar qualquer risco de desmotivação, convido você a se deter por um instante. Não corra. Os problemas econômicos, como qualquer outro, devem ser abordados com a cabeça fria e um olhar

> GERAR MAIS FLUXOS DE DINHEIRO PROVENIENTES DE DIVERSAS FONTES NÃO É UMA IDEIA DESCABIDA.

profundo que reúna a maior quantidade de pontos de vista possíveis. Todos nós temos pontos fortes e fracos. Concentre-se nos primeiros, mas nunca deixe de levar em consideração os seus pontos fracos, para saber como combatê-los. Assim, você encontrará um propósito e se concentrará no que o faz feliz. No meu caso, meu propósito é impactar muitíssimas pessoas no mundo para potenciar seus pontos fortes, para que sejam prósperas e felizes mediante uma motivação adequada, uma boa educação financeira e um desenvolvimento pessoal acertado. Quero empoderar as pessoas e ajudá-las a fortalecer essas capacidades naturais que já possuem. Meus pontos fortes, eu identifiquei escutando o meu coração e fazendo o que me dá felicidade. E você? O que espera para falar consigo mesmo?

> NÃO SE TRATA DE DINHEIRO, TRATA-SE DE SUA LIBERDADE E SAÚDE EMOCIONAL.

UMA HISTÓRIA PARA CONTAR

Ao longo da minha vida, tive dois acidentes automobilísticos, um nos Estados Unidos e o outro no México. Ambos me paralisaram de medo. Escutar os sussurros da morte nos faz contemplar a vida de uma maneira muito diferente. Aqueles que passaram por algo similar sabem do que estou falando e como é difícil se recompor. Lembro que no primeiro acidente fiquei muito deprimido e sem motivação, cheio de frustrações e barreiras paralisadoras. Estive em reabilitação por seis meses, estagnando todos os meus sonhos e a minha vontade de seguir em frente. O tempo todo eu me perguntava "por que eu?", enquanto chorava e clamava por uma resposta que me caísse do céu. Sentia como se a vida conspirasse contra mim; acreditava que não tinha saída e, portanto, que nunca seria capaz de superar. Felizmente, depois de alguns anos, pude me libertar de todos esses medos, frustrações, desmotivações e complexos. Ao relembrar os acontecimentos, tomei consciência de que a chave para superar o incidente foi ter conseguido transformar esse "por que eu?" em um "para que eu?". E, assim, eu lhe dei um novo significado.

Ainda me lembro da viagem de ambulância até o hospital. Eu perdia e recobrava a consciência constantemente, não sei se devido à pancada que recebi na testa ou à dose de morfina que me administraram para acalmar a dor, produto de meu deslocamento do quadril. Aquela noite, na sala de terapia intensiva, a enfermeira que cuidou de mim, com muito ânimo e sabedoria, sussurrava ao meu ouvido com frequência: "Esta noite, não, campeão, você tem um propósito a cumprir. Não tenha medo da morte, você é maior do que ela".

Aquelas palavras de empoderamento e esperança ainda ressoam na minha mente e no meu coração. Depois que me recuperei, fiz uma promessa a mim mesmo: "A minha vida terá um propósito, lutarei por ele e jamais realizarei atividades que violentem esse propósito." Aproveito estas páginas para dizer à grande enfermeira que cuidou de mim aquela noite: "Obrigado. Eu não tive a oportunidade de conhecê-la e conversar com você, mas você mudou a minha vida com suas palavras".

Aonde quero chegar com tudo isso? A que você sempre deve levar o empoderamento e a motivação debaixo do braço. Não os solte. E, se os perder, vá atrás deles e volte a encontrá-los.

Se a vida o colocar de joelhos, responda com um sorriso ao qual ela não possa resistir. Quero ver você grande e motivado, desejo que nunca volte a sofrer por causa do dinheiro, e quero que seja livre. Se conseguir fortuna, ajude ao próximo. Sempre haverá alguém que precisa de nós, pessoas em busca de algum abraço e de palavras de alento para motivá-las a voar. Então vá lá, campeão, e leve prosperidade aos seus!

GERE ABUNDÂNCIA

A seguir, você poderá colocar em prática e ir amadurecendo vários aspectos que revisamos ao longo deste capítulo. Pegue lápis e papel e, com calma, deixe que o seu coração fale.

1. Você é o tipo de pessoa que admiraria? O que lhe falta, o que sobra, o que você mudaria?

2. Por que e para que você quer ter sucesso e abundância na vida?

3. Você conhece os seus pontos fortes e sabe como utilizá-los para o bem comum? De que maneira faz isso?

4. Imagine que neste momento você tem em sua conta bancária um milhão de dólares. Em que usaria e como apoiaria os demais com essa quantia?

5. O que é o sucesso para você?

QUER CONHECER UM SEGREDO?

PARA GANHAR MAIS DINHEIRO, É PRECISO TRABALHAR MELHOR E DE MANEIRA INTELIGENTE. O QUE PRODUZ MAIS DINHEIRO NÃO É O SUOR, E SIM A MENTE. UMA MENTE MILIONÁRIA SE ASSOCIA E CRESCE PORQUE CONHECE ESSE SEGREDO.

RESUMO

O PROGRESSO FINANCEIRO

- BOA SAÚDE FÍSICA
- BOA RELAÇÃO COM O DINHEIRO
- BOAS RELAÇÕES PESSOAIS
- DESENVOLVIMENTO DE INTELIGÊNCIA EMOCIONAL E FINANCEIRA
- DESENVOLVIMENTO DAS SUAS CAPACIDADES E QUALIDADES
- MONETIZAÇÃO DOS SEUS TALENTOS

} **OPERAÇÕES GANHA-GANHA**

- HÁBITOS MILIONÁRIOS

BOA ADMINISTRAÇÃO E CONTRIBUIÇÕES DE VALOR PARA O MUNDO

CAPÍTULO 3

OS PILARES DA ABUNDÂNCIA

CURTA A VIDA HOJE, AINDA QUE NÃO TENHA TUDO O QUE GOSTARIA. AS PRESSÕES SOCIAIS E AS APARÊNCIAS LEVARAM MUITOS À RUÍNA. MINHA INTENÇÃO É AJUDÁ-LO A APROVEITAR A VIAGEM. NÃO SEJA PRISIONEIRO DO DINHEIRO VIOLENTANDO A GRANDEZA QUE HÁ EM VOCÊ. O VERDADEIRO PILAR DA ABUNDÂNCIA, O AUTÊNTICO GERADOR DE RIQUEZA, DE CRIATIVIDADE E DE INFORMAÇÃO, SE ENCONTRA EM SUA MENTE E NA DE TODOS OS SERES HUMANOS. TEMOS UM GRANDE PODER DE PENSAMENTO QUE NOS FOI DADO PARA MATERIALIZAR OS NOSSOS SONHOS. PORTANTO, AGORA QUERO PEDIR QUE VOCÊ ME AJUDE COM UM BREVE EXERCÍCIO. LEVANTE OS OLHOS DESTE LIVRO E OBSERVE À SUA VOLTA. FAÇA ISSO POR APENAS ALGUNS SEGUNDOS. O QUE QUERO QUE VOCÊ EXPERIMENTE, E QUE NÃO LHE DEIXE DÚVIDA, É QUE TUDO O QUE SEUS OLHOS VEEM, COM A EXCEÇÃO DA NATUREZA, PRIMEIRO FOI CONCEBIDO EM UMA MENTE HUMANA E DEPOIS ADQUIRIU FORMA FÍSICA.

O PODER DA VISUALIZAÇÃO

A visualização é uma ferramenta natural e muito poderosa dos seres humanos. Visualização quer dizer sonhar grande. Ela nos permite conceber uma vivência no futuro. Por meio desse processo mental, você imagina algo que deseja como se já fosse real. Por exemplo, muitos dos grandes atletas e esportistas primeiro se visualizaram ganhando, o que permite que seu cérebro viva a experiência antes que aconteça. No meu caso, visualizo diariamente os detalhes do dia seguinte durante quinze minutos antes de dormir.

==A imagem mental que você visualizar será mais poderosa quanto mais detalhes tiver, já que o subconsciente começa a buscar aquelas imagens que você guarda em seus arquivos mentais== como se elas estivessem se materializando, o que desperta sentimentos e emoções em você. Você pode imaginar texturas, cores, aromas, o que for. Igualmente, você pode praticar esse exercício em qualquer situação com a que queira lidar de maneira favorável, como participar de alguma negociação importante, realizar algum projeto etc. E mais, se você parar para pensar por um instante, perceberá que já fazemos isso todos os dias. Sempre imaginamos coisas, contamos histórias para nós mesmos ou recriamos momentos. O importante

VISUALIZAÇÃO QUER DIZER SONHAR GRANDE.

é fazer com muita força para não desistir com facilidade. Se você experimentar, repetindo de forma cada vez mais consciente, verá que funciona mesmo. Todas as suas visualizações devem ser tão verídicas que lhe provoquem as emoções que você queira conquistar. Sendo assim, visualize o quanto quiser. Imagine que você pode obter todas as riquezas do mundo e aferre-se a essa representação para conquistá-las. As riquezas que há neste mundo são parte de você e foram criadas para você. Não faria sentido se fosse de outra maneira. Ou para que há tanta abundância se não podemos ter acesso a ela? A criatividade, neste ponto, exerce um papel fundamental.

QUE NUNCA MORRA
A CRIATIVIDADE QUE
LEVAMOS DENTRO DE NÓS.

UMA MENTE CRIADORA E UM DNA MONETÁRIO

Nossos pensamentos são energia. Uma energia que sempre se move rumo a alguma forma e, por esse motivo, temos uma mente criadora. Todos nós levamos um grande poder impulsor em nós mesmos, uma verdadeira joia de valor inestimável e de grande utilidade para a espécie. As pessoas mais prósperas e sábias sabem que é assim, e por isso não se deixam sabotar por nenhuma voz interior negativa que paralise seus sonhos e as impeça de alcançar o que querem. Mas sabe qual é o melhor disso? Que você pode ser uma dessas pessoas. Para conseguir, eu lhe darei uma chave importante: concentre a sua atenção na abundância, visualize-a e repita todos os dias para si mesmo que você a merece. Faça isso de maneira constante e prepare-se para materializar os seus sonhos.

Um dos homens mais criativos, influentes e talentosos da humanidade foi Nikola Tesla. O pai da tecnologia moderna transformou o mundo com uma infinidade de contribuições, embora muitos tenham se empenhado em mantê-lo no anonimato. Tesla certa vez afirmou: "O presente é de vocês, mas o futuro é meu". Quanta determinação, segurança e força em uma frase. Com ela, você percebe que na mente são gestadas todas as grandes fortunas e obras que qualquer ser humano possa tornar possíveis. O poder mental que esse homem tinha era mágico, e sua grande determinação constituiu uma ferramenta muito poderosa. A história da humanidade alcançou grandes conquistas e avanços de suma importância graças a figuras como Tesla, que são uma luz na consciência dos seres humanos, ao iluminar valores como a fé, a vontade ou a determinação. Não se esqueça disso!

Agora, entre as características mais importantes que as pessoas mais ricas do mundo têm em comum está possuir crenças úteis e vantajosas com relação ao dinheiro. É o que eu chamo de DNA monetário. Crenças de medo, desespero ou angústia com relação ao dinheiro não correspondem a esse DNA. Pelo contrário. Para as pessoas ricas, o dinheiro representa uma maneira de se motivar. Portanto, as duas condições que os milionários têm para gerar riqueza consistem em uma mente criadora e um DNA monetário muito alto, pois sempre miram e pensam grande.

Em nosso DNA monetário também se encontra a informação que trazemos programada com relação ao dinheiro, ainda que esta possa ser falsa ou aludir a paradigmas já obsoletos. Essa informação é a que você recebeu de seu meio social e familiar ao longo do tempo, e que deve esquecer caso não seja útil ou inclua uma mensagem negativa, como: "Somos pobres, mas honrados"; "Você não nasceu em berço de ouro"; "Nesta

CONCENTRE SUA ATENÇÃO NA ABUNDÂNCIA. VISUALIZE-A E REPITA TODOS OS DIAS QUE VOCÊ A MERECE.

casa não temos dinheiro para viagens de férias"; "Os ricos ganham dinheiro sem trabalhar"; "Nossa vida é esta, não temos outra opção" etc. Minha intenção ao mencionar esses exemplos é que você interiorize ==novos paradigmas== e realize uma desintoxicação mental monetária. Para isso, proponho uma solução concreta: de manhã, visualize que já é uma pessoa de sucesso e que vive como quer. Se você tem um sonho, este deve permanecer em sua mente com força. Se surge algum problema, não peça à sua mente que ele desapareça; em vez disso, visualize-se enfrentando esse problema, idealizando soluções específicas e superando. Você precisa tirar da sua mente tudo aquilo que o prejudica e o limita, lidando adequadamente com as suas emoções. Com estas recomendações, tenho certeza de que você ativará o seu DNA monetário e almejará chegar bem alto. O principal é não dar ouvidos a nenhuma voz interior que seja negativa, já que essas vozes vão tocar muito fundo quando você der o seu primeiro passo rumo a um novo estilo de vida, pois sempre irão querer sabotá-lo. Não escutar essas vozes é uma das principais características daqueles que possuem uma verdadeira mente milionária.

> ENTRE AS CARACTERÍSTICAS MAIS IMPORTANTES QUE AS PESSOAS MAIS RICAS DO MUNDO TÊM EM COMUM ESTÁ POSSUIR CRENÇAS ÚTEIS E VANTAJOSAS COM RELAÇÃO AO DINHEIRO.

> " A FORTUNA JOGA A FAVOR DAS MENTES QUE SE PREPARAM, QUE SÃO CRIATIVAS E QUE CONTAM COM UM DNA MONETÁRIO FAVORÁVEL. "

O PODER DO EMPODERAMENTO

Um princípio fundamental da criação de riqueza, e outra das chaves fundamentais para desenvolver uma mente milionária, é o empoderamento. Isso se refere a tornar a sua força espiritual mais robusta, a adquirir poder e reconhecer a si mesmo, assim como aos que desejem deixar-se guiar. Assim, quero que, neste instante, você sinta que tem o poder, e que este já não está em outras mãos. Antes, você o atribuía à sorte, à classe política, ao seu cônjuge, à sua família, ao seu meio, aos seus amigos etc. Em grande medida, eles se convertiam nos gestores da sua vida. Mas, agora, não. Daqui por diante, é necessário que você se aferre ao empoderamento e não o solte mais.

Para ilustrar o que digo, quero lhe contar uma parte da minha história. Pela necessidade que eu tinha de me empoderar e me motivar para modificar positivamente a minha vida foi que nasceu a minha fan page "Mente Millonaria & Piensa como Rico". Eu me sentia estagnado. Sabia que, se quisesse mudar, teria que fazer isso de dentro para fora, e não esperar que outras pessoas o fizessem. Tampouco podia fazer nada disso pensando que os demais eram os que tinham que mudar primeiro.

O primeiro passo foi saber em que lugar eu estava para

então descobrir aonde queria chegar. Algo assim como a minha rota de fuga. Dessa maneira, surgiram os resultados. Percebi que a minha página alcançava milhares de pessoas em toda a América Latina e que crescia com muita rapidez, e que, ao empoderar os demais, eu me nutria e me empoderava. Foi a minha própria terapia e continua sendo até hoje. A única coisa de que você precisa é ter vontade e persistência, que são ferramentas essenciais nesse processo. É por isso que em sessões com alguns dos meus clientes eu costumo dizer que quem tem vontade tem a energia do universo, isto é, conta com o combustível necessário. Desde então, decidi começar a fazer coisas que me apaixonassem e nutrissem a minha mente, como me adentrar na inteligência emocional e na educação financeira. Eu queria fazer mudanças substanciais e isso implicava me comprometer.

Agora, se você for daqueles que precisam ver para crer, está em todo seu direito. Então façamos o seguinte: me dê o benefício da dúvida, pois não tem nada a perder com isso. A seu filho, sobrinho, primo, amiga, tia, tio, mãe ou qualquer pessoa que necessite mudar, diga frases de empoderamento como:

- "Você consegue".

- "Parabéns, campeão".

> SE SURGIR ALGUM PROBLEMA, NÃO PEÇA PARA SUA MENTE QUE ELE DESAPAREÇA; AO CONTRÁRIO, VISUALIZE-SE ENFRENTANDO-O, IMAGINANDO SOLUÇÕES OBJETIVAS E SUPERANDO-O.

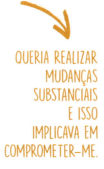

QUERIA REALIZAR MUDANÇAS SUBSTANCIAIS E ISSO IMPLICAVA EM COMPROMETER-ME.

- "O futuro pertence a você".
- "Pense grande".
- "Sua prioridade é ser próspero e feliz".
- "Você nasceu para ser grande".
- "Ninguém segura você".
- "Confio em você".
- "Acredito em você".
- "Ame o que faz".
- "Excelente trabalho".
- "Você terá sucesso em tudo".
- "Vejo que você tem talento".
- "Parabéns".
- "Você chegará muito longe".
- "Lute pelos seus sonhos".

Garanto que você verá uma mudança verdadeira na vida deles. Mas faça isso sem informar qual é a verdadeira finalidade dessas palavras. Cada vez que interagir com eles, diga esse tipo de frase, dê reconhecimento e motive-os a ser grandes, e você verá que a magia acontece. Notará uma mudança importante trinta dias depois. No início, talvez eles mesmos respondam: "O que há com você?", porque normalmente não estamos acostumados a empoderar as pessoas, muito pelo contrário.

==Em geral, ressaltamos os erros, reclamamos, reiteramos frases de desalento, culpamos ou pronunciamos frases de um nível de vibração baixo que matam o entusiasmo.== Se isso funcionar para mudar a dinâmica negativa com eles, também funcionará com você. Hoje eu recebo centenas de e-mails e mensagens de agradecimento em minha fan page, de pessoas que se beneficiaram com as minhas frases, e isso não tem preço. Isso me alimenta e me anima todos os dias a seguir crescendo e nutrindo o meu propósito de vida. Então, muitíssimo obrigado, porque você é parte da minha mudança. E agora é a sua vez de se empoderar diariamente.

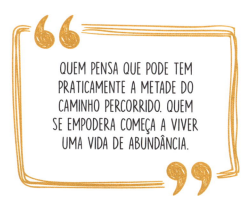

> QUEM PENSA QUE PODE TEM PRATICAMENTE A METADE DO CAMINHO PERCORRIDO. QUEM SE EMPODERA COMEÇA A VIVER UMA VIDA DE ABUNDÂNCIA.

UMA HISTÓRIA PARA CONTAR

Você conhece a história de Jim Carrey e a visualização do cheque de 10 milhões de dólares? É uma história real e inspiradora que lhe servirá para compreender um dos grandes casos que ocorrem na vida das pessoas.

Jim Carrey estava praticamente falido. Não tinha nada além do seu talento natural e do conhecimento de que as coisas que você visualiza se realizam. Na época, ele não tinha muito sucesso, e trabalhava diariamente para se tornar um ator reconhecido. Em uma entrevista a Oprah Winfrey, ele comentou que obteve esse conhecimento nos livros de inspiração, e destacou que o poder da visualização foi um fator decisivo. Enquanto dirigia seu carro, imaginava as coisas que queria como se já as tivesse. Ambicionava ser um ator muito reconhecido e, o mais importante, desejava provocar o riso do público com seu talento, porque amava o que fazia.

Um dia, fez para si mesmo um cheque de 10 milhões de dólares pelos seus serviços como ator e o deixou em sua carteira. Todos os dias, ele tirava o cheque da carteira e repetia para si mesmo: "Materialize-se". Pouco antes do Dia de Ação de Graças, seu sonho se tornou realidade graças ao contrato do filme *Debi & Loide – Dois idiotas em apuros*.

Mas isso não chega sozinho nem cai do céu; é preciso trabalhar duro. Sim, é preciso agir diariamente e se empenhar. A dedicação, o trabalho e a constância são fundamentais, sem perder de vista a visualização com entusiasmo.

Jim Carrey continuou trabalhando com paixão em sua carreira de ator. Ele sabia exatamente a quantia de dinheiro que queria e que, para conseguir, precisava entregar em troca o seu talento como ator. Também tinha um propósito definido.

Quando você preenche um cheque para si mesmo, manda uma mensagem muito poderosa ao subconsciente: isso é o que você anseia com todas as suas forças. Agora é a sua vez de preencher o seu próprio cheque e lutar para consegui-lo com todo o seu afinco, sem perder o entusiasmo.

GERE ABUNDÂNCIA

Como exercício, realize o seguinte:

1. **Preencha um cheque com a quantia que você quer ganhar dentro de dois ou cinco anos. Você estipula o prazo.**
Não tenha medo, não duvide nem dê ouvidos à voz interior negativa que quer sabotá-lo. Esse cheque pertence a você. Coloque-o em sua carteira e leve-o consigo todos os dias. Envie a mensagem a seu subconsciente de que essa é a quantia que você requer e merece. Você pode colocar data de realização. Lembre-se: o sistema não decide quanto você deve ganhar; é você quem tem o controle da sua vida e estabelece as condições de acordo com o valor que oferece com o seu produto ou serviço. Quanto mais valor, mais dinheiro.

2. **Escreva como você se visualiza daqui a dois ou cinco anos com a sua família, em seu trabalho, com seus projetos, na casa dos seus sonhos etc.**
Lembre-se: quanto mais detalhes, melhor. Alguns clientes fazem uma colagem de como imaginam sua vida e a deixam onde possam ver todos os dias para não perder o foco.

QUER CONHECER UM SEGREDO?

SE VOCÊ IMPLEMENTAR UMA CULTURA DE SUCESSO EM SEU MEIO FAMILIAR, MUDARÁ A MENTE E A VIDA DE CADA UM DE SEUS INTEGRANTES. PROPONHA-SE METAS ALTAS, SEM MEDO DE FRACASSAR. SE TEM FILHOS, INFUNDIR NELES PENSAMENTOS DE GRANDEZA É MUITO PODEROSO: VOCÊ TERÁ FILHOS FELIZES E GANHADORES. COM CERTEZA.

RESUMO

COMO ESTÁ O SEU DNA MONETÁRIO?

- VOCÊ NÃO NASCEU EM BERÇO DE OURO.
- ACHA QUE SOU UMA MÁQUINA DE FAZER DINHEIRO?
- NOSSA VIDA É ESTA.
- NÃO NASCEMOS PARA O SUCESSO.
- BUSQUE UM EMPREGO SEGURO E DEIXE DE SONHAR.
- SOMOS POBRES, MAS HONRADOS.
- OS RICOS NÃO GANHAM DINHEIRO TRABALHANDO.

> SE, EM SEU MEIO, VOCÊ ESCUTOU AS FRASES AO LADO, FOI PROGRAMADO PARA NÃO SER PRÓSPERO.

FRASES COM UM NÍVEL DE VIBRAÇÃO BAIXO

LIMPEZA MENTAL MONETÁRIA:

1. SOU PRODUTIVO E TRABALHO COM DILIGÊNCIA.
2. O DINHEIRO NÃO É MAU, É NECESSÁRIO E FAZ MUITO BEM AO MUNDO.
3. EU NÃO AMO O DINHEIRO, ELE É SÓ UMA FERRAMENTA.
4. POSSO E ME PERMITO CRIAR NEGÓCIOS DE SUCESSO.
5. TODA ADVERSIDADE CARREGA A SEMENTE DE UM GRANDE APRENDIZADO.
6. O CAMINHO DO SUCESSO COMEÇA DENTRO DE MIM.

CAPÍTULO 4

SAIA DA SUA ZONA DE CONFORTO

AS CRENÇAS LIMITANTES SÓ FREIAM A NOSSA CAPACIDADE DE FAZER E DE SENTIR. ISSO FAZ QUE NÃO NOS ATREVAMOS A CRIAR ALGO NOVO OU DIFERENTE POR MEDO DO FRACASSO OU DO QUE DIRÃO. MAS, SE VOCÊ NÃO AVANÇA, ESTAGNA, E A POSSIBILIDADE DE ALCANÇAR UM PROGRESSO FINANCEIRO REAL SE REDUZ DE FORMA SIGNIFICATIVA. NÃO NOS MOVERMOS DO NOSSO LUGAR SEGURO É UM ATENTADO AO NOSSO PROGRESSO FINANCEIRO. RECUSARMO-NOS A TOMAR CAMINHOS DESCONHECIDOS E PRETENDER TER MUITO DE TUDO SEM MOVER NADA DE SEU LUGAR ORIGINAL NÃO CORRESPONDE AO PENSAMENTO DE UMA MENTE MILIONÁRIA. QUALQUER UM PODE ENTENDER QUE EM CERTAS OCASIÕES UMA PESSOA PREFIRA NÃO SE ARRISCAR COM UM NEGÓCIO, POR MEDO DE PERDER DINHEIRO OU DE QUALQUER OUTRA CIRCUNSTÂNCIA, MAS QUERO LHE DIZER ALGO MUITO IMPORTANTE: VOCÊ E TODOS NÓS, SERES HUMANOS, TEMOS O POTENCIAL PARA VIVER UMA VIDA EXTRAORDINÁRIA. PORTANTO, VÁ CONQUISTAR A SUA.

COMECE DANDO PEQUENOS PASSOS

O único projeto verdadeiramente importante que você tem se chama "vida", e, se você não sair da sua zona de conforto, a sua ficará estagnada. Mas por que é importante explicar de que trata a zona de conforto? Porque há pessoas que caem em um estado de conformismo quando o dinheiro aparece em sua vida, ou quando veem que ele nunca chega. Creem que já tentaram de tudo, ou que já o conseguiram, e vivem uma ilusão. De fato, muitos daqueles que conseguiram o que se propunham experimentam um poder que não é saudável e dedicam grande parte de sua vida a esbanjar o dinheiro de uma maneira pouco inteligente. Há inclusive alguns que contam com uma fortuna em suas mãos e nem sequer planejam ou se ocupam de saber onde estarão nos próximos anos. Sem falar dos que insistem em fazer a mesma coisa ano após ano.

Não importa se o dinheiro sobra ou falta em sua vida, a zona de conforto ou sem progresso o paralisa da mesma forma em ambos os casos. Ter que pagar o financiamento da casa, arcar com a faculdade dos filhos, manter o estilo de vida, ver somente pagamentos, pagamentos e mais pagamentos sem dúvida ==nos converte em pessoas temerosas==, sem o menor desejo de nos mover para algum lado. Sobretudo porque você logo pensa: "E se me demitirem, o que eu faço?". Diante dessa pergunta, quero lhe dar um conselho importante: convido você a se mover; mesmo que seja com medo, mova-se. Comece com pequenos passos, como que sondando o terreno. Seja uma pessoa precavida e programada, decidida, ganhe tempo e tire vantagem, para estar preparado perante qualquer cenário.

A zona de conforto é muito cômoda, mas também muito traiçoeira. Por isso é extremamente importante que nunca baixemos a guarda e nos esforcemos por ser diligentes, sem abandonar os deveres do trabalho. Você pode se divertir e curtir a vida com os seus porque é para isso que serve o dinheiro, mas não perca o norte. Tenha claro que fortunas foram desperdiçadas porque a pessoa se estagnou em uma zona pouco produtiva e de prazeres, e também que muitos obtiveram grandes fortunas pelo único motivo de ter se aventurado. O dinheiro serve para que tenhamos dias ideais ou sonhados, mas não para que vivamos preocupados com ele. Não podemos esquecer que devemos manter o maquinário funcionando e que é preciso alimentá-lo para que o dinheiro sempre flua para o nosso bolso. Portanto, não deixe de trabalhar fora da sua zona de conforto. Ninguém supera um medo sem enfrentá-lo.

> **VOCÊ E TODOS NÓS, SERES HUMANOS, TEMOS O POTENCIAL PARA VIVER UMA VIDA EXTRAORDINÁRIA.**

> NOS VEMOS FORA DA ZONA DE CONFORTO, ONDE ESTOU CONVENCIDO DE QUE VOCÊ ESTARÁ MUITO EM BREVE E COM UM SORRISO NO ROSTO.

UMA MUDANÇA NECESSÁRIA

Temos uma tendência geral a nos esconder se fracassamos. E é compreensível, pois ninguém quer que o mundo saiba que, depois de todos os esforços, no final o projeto importante que empreendemos não teve sucesso. Mas eu devo dizer que lhe convém pensar diferente. É preciso entender que há muita sabedoria em se equivocar, já que é uma semente especial de motivação para o seu progresso financeiro. Quando você se equivoca, aprende e se renova. E, ao se renovar, progride e obtém um grande crescimento. De agora em diante, deixe de ocultar os seus erros, porque estes lhe dão mais ferramentas para avançar com firmeza, além de ideias diferentes para inovar. Quando isso se torna constante, você adquire distintas formas de fazer as coisas: permite que o maquinário siga desenvolvendo todo seu potencial ao máximo, um aspecto fundamental em sua vida para adquirir o código de uma mentalidade milionária.

Já dizia Charles Darwin, o criador da teoria da evolução, que não é a espécie mais forte nem a mais inteligente a que sobrevive, e sim aquela que se adapta melhor às mudanças. Precisamos abraçá-las e nos ajustar a elas. Quantas histórias escutamos de pessoas ou empresas que, por agir sempre da mesma maneira, acabaram quebrando? Em sessões de trabalho com alguns clientes, gosto de abordar a história da transformação da águia, já que é de grande ajuda para reforçar isso e motivar as pessoas. A águia-americana chega a viver até setenta anos. É a ave com maior expectativa de vida de sua espécie. Mas, para chegar lá, antes deve fazer uma mudança tão dura quanto necessária. Na metade de sua vida, começa a experimentar uma série de problemas em seu corpo: suas unhas perdem força e forma, o que lhe impossibilita agarrar com firmeza as presas das quais se alimenta; seu bico começa a se alongar mais que o devido, provocando o sério risco de que se acidente cravando-o contra o próprio peito; e suas asas ganham peso devido às grossas plumas que foi conservando ao longo dos anos, tornando mais difícil empreender o voo. Assim, a águia deve enfrentar uma mudança radical ou simplesmente se deixar morrer.

Sua grande transformação dura cerca de 150 dias. Começa com a águia se refugiando no alto de uma

> **O DINHEIRO SERVE PARA TER DIAS ESPECIAIS OU SONHAR COM ELES. MAS O DINHEIRO NÃO SERVE PARA QUE VIVAMOS PREOCUPADOS COM ELE.**

montanha, em um lugar onde possa permanecer oculta e não necessite voar. Aí, golpeia o bico contra as rochas até desprendê-lo. Então espera que lhe cresça um bico novo. Depois tira as próprias unhas, para que, quando voltem a crescer, seja a vez de se despojar de suas velhas plumas, removendo-as com seu novo bico. Ao cabo de cinco meses, a águia alcança a meta de sobrevivência pela qual tanto lutou e pode realizar seu célebre voo de renovação. Agora, conta com mais trinta anos de vida.

De maneira similar ao que acontece com a águia-americana, também temos momentos nos quais tudo parece escuro e sem saída. É nesses momentos que devemos colocar mais empenho e lutar com mais força para não nos deixar cair, transformar a nossa vida e nos preparar para empreender um novo voo.

QUANTAS HISTÓRIAS ESCUTAMOS DE PESSOAS OU EMPRESAS QUE, POR AGIR SEMPRE DA MESMA MANEIRA, ACABARAM QUEBRANDO?

> ❝ A RENOVAÇÃO CONSTANTE EXERCE UMA ENORME INFLUÊNCIA E UM GRANDE PODER PARA FAZER BONS NEGÓCIOS COM UMA MENTALIDADE MILIONÁRIA ADEQUADA A ESTA ERA. ❞

DECODIFICANDO ESTRATÉGIAS MILIONÁRIAS

Há duas ferramentas muito importantes que funcionam como estratégias de impulso na geração de riqueza: o trabalho em equipe e a experiência de compra. Ambas são ótimas e ideais na hora de sair da sua zona de conforto, já que o mantêm em constante movimento e dinamismo.

O trabalho em equipe é uma das melhores maneiras de chegar a ter sucesso mais rápido em qualquer esfera da sua vida. ==É importante compreender que os negócios são um esporte em equipe==, em que cada um ocupa uma posição, como em uma partida de futebol. Cada pessoa tem uma função no jogo e sabe como se mover no campo conforme seu papel. Mas também existe um capitão que os lidera para que não percam o foco. O técnico é o estrategista central que dirige todo o maquinário; é o equivalente ao gerente ou diretor de área de uma empresa. Se você levar essa analogia a qualquer negócio que empreender, garanto que obterá ótimos resultados. O primordial é que cada jogador entenda perfeitamente seu papel na equipe e saiba o que é que deve fazer em campo. Essa estratégia trará muita riqueza à sua vida.

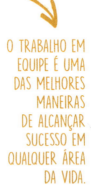

O TRABALHO EM EQUIPE É UMA DAS MELHORES MANEIRAS DE ALCANÇAR SUCESSO EM QUALQUER ÁREA DA VIDA.

Que as pessoas são saibam trabalhar em equipe é uma das principais causas de fracasso nas empresas e em qualquer empreendimento. Por isso os negócios não prosperam ou se estagnam. As empresas experimentam muita rotatividade de pessoal em consequência disso. É claro que não podemos generalizar ou afirmar que esta seja a única causa de fracasso, mas o fato de os integrantes de uma equipe não conhecerem exatamente qual é seu papel e o que devem fazer em campo é um elemento muito comum pelo qual muitos negócios se estagnam ou quebram definitivamente.

Então, o desenvolvimento de equipes pequenas mantém um dinamismo constante, o que as torna muito eficazes nesta nova era. Por exemplo, você percebeu que as potências mundiais têm as chamadas "equipes de resposta imediata"? Normalmente são usadas em corporações que as capacitam para um fim específico. Esses grupos são os encarregados de atender aos assuntos mais complexos, porque estão perfeitamente preparados para isso. Desenvolver "pequenas equipes de elite" – tendo em suas fileiras os melhores, que são preparados todos os dias para as grandes batalhas e que contam com altas doses de motivação – lhe garante grandes vitórias. Esse é o tipo de lição de gestão que podemos obter de Steve Jobs, o grande empresário e diretor da Apple. Ele se cercava dos melhores e se assegurava de formar equipes com altos padrões de qualidade e inteligência, mantendo um movimento constante que lhe permitia não se ancorar em uma zona de conforto.

Lembre-se, as equipes de elite são um dos aspectos essenciais das empresas multimilionárias e das pessoas de sucesso. E, agora, quero apresentar algumas ideias centrais a respeito.

- É necessário formar as pessoas que trabalham com você ou que você necessite contratar para que respondam às suas necessidades.

- A única forma de atrair pessoas talentosas para o seu projeto ou empresa é fazer que elas se apaixonem pela sua marca e contagiá-las com a sua própria paixão e visão.

- ==Para que um negócio tenha sucesso, deve gerar prosperidade e oportunidades para todos em igualdade de condições, conforme seus méritos. É a regra do ganha-ganha.==

- Uma equipe saudável produz dinheiro. Qualquer outro tipo de grupo faz o dinheiro desaparecer de imediato.

- As equipes de elite geram as maiores vendas no mundo.

- As equipes de elite são as melhores dentre as melhores. Trate de ter os melhores trabalhando ao seu lado.

- Se você der identidade a uma equipe de elite, a magia acontece.

- Sua equipe de elite é o seu bem mais valioso.

==Outra ferramenta muito poderosa nesse sentido é a experiência de compra. Hoje em dia já não vendemos produtos nem serviços; agora é indispensável "emocionar" os seus clientes e lhes vender "algo mais",== não só um produto ou serviço, e sim "toda uma experiência". Se você não chega às emoções, está fora da jogada. Na atualidade, tornou-se primordial vender sem vender, isto é, fazer isso sem mencionar o verbo: "vendo". Trata-se apenas de ressaltar benefícios. Já reparou que os vendedores ou negócios que se tornam muito hostis e insistentes chegam a incomodar e fazem que o possível cliente perca o interesse em adquirir o que oferecem? As pessoas estão cansadas de que lhes vendam coisas. Elas querem sentir que têm o poder de comprar sem ser violentadas ou pressionadas. Esse conceito da "experiência" lhe trará grandes benefícios econômicos e também será uma ótima ferramenta para você não ficar estagnado. O que eu pretendo ao salientar tudo isso é que a sua estratégia milionária tenha um efeito multiplicador, e que o cliente recorra ao seu negócio pelas sensações que adquirir o seu produto ou serviço provocam a ele – não uma nem duas vezes, e sim em inúmeras ocasiões. Vou lhe dar um exemplo. Periodicamente, nas iShops vemos as filas enormes daqueles que querem ser os primeiros em conseguir o último modelo de iPhone no dia em que é lançado no mercado. E sabe a que se deve isso? À "experiência", a esse "algo mais" que se oferece com o produto.

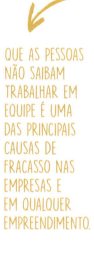

QUE AS PESSOAS NÃO SAIBAM TRABALHAR EM EQUIPE É UMA DAS PRINCIPAIS CAUSAS DE FRACASSO NAS EMPRESAS E EM QUALQUER EMPREENDIMENTO.

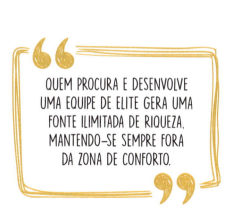

> QUEM PROCURA E DESENVOLVE UMA EQUIPE DE ELITE GERA UMA FONTE ILIMITADA DE RIQUEZA, MANTENDO-SE SEMPRE FORA DA ZONA DE CONFORTO.

UMA HISTÓRIA PARA CONTAR

Em algumas de minhas sessões de trabalho, gosto de narrar a história dos dois falcões para ilustrar o que significa sair da zona de conforto.

Um monarca recebeu de presente dois pequenos falcões. Um deles voava pelos grandes domínios do império, mas o outro nunca conseguiu alçar voo, permanecendo confinado a um simples galho sem poder se mover. Então, o monarca, cansado de observar a inatividade daquele falcão, decidiu anunciar que ofereceria um grande banquete em homenagem a quem pudesse fazer que a ave voasse. No dia seguinte, o monarca viu aquele falcão nos campos, estendendo suas asas e atacando suas presas. Rapidamente, começaram os preparativos para recompensar o autor daquela façanha. E quando estava tudo pronto para dar início ao banquete, apareceu um ancião pela porta daquele lugar majestoso. Com grande assombro, o monarca lhe perguntou como ele havia feito para que o seu falcão voasse. E o ancião respondeu:

— Só cortei o galho, meu rei, e a ave voou. Ele se deu conta de que tinha asas, de que sua natureza o convidava a alçar voo, e isso foi suficiente.

Com essa história, quero convidá-lo a cortar os seus galhos todos os dias e a sair da sua zona de conforto. Entendo que, às vezes, é necessário ficar nela para tomar fôlego, mas trate de que não seja por muito tempo.

GERE ABUNDÂNCIA

Todas as pessoas de sucesso tiveram que sair de sua zona de conforto para obter grandes resultados. Quero deixar este exercício para que você vá eliminando as suas ideias limitantes, já que a zona de conforto parte de um estado mental, e quem põe esses limites é você.

1. **Identifique quais atividades você evita realizar.**
   Faça uma lista. Pode ser que as evite por medo, insegurança, indecisão etc.

2. **Identifique o que é que lhe causa mais problemas dentro da sua lista.**
   Pense em habilidades, conhecimentos e virtudes que podem ajudá-lo a combater esses medos e angústias.

3. **Trace um plano. Transforme cada desafio em frases ou pequenas tarefas que possam ajudá-lo no processo.**
   Por exemplo: se você tem medo de falar em público, pode fazer pequenos ensaios ou atividades de maneira progressiva. Primeiro, fale na frente do espelho ou diante de uma câmera. Depois, peça a um familiar que esteja presente enquanto você expõe um tema. Posteriormente, envolva mais pessoas, até alcançar uma grande plateia.

4. Amplie a sua zona de conforto com novos desafios que lhe demandem novas habilidades e conhecimentos.

QUER CONHECER UM SEGREDO?

NOVENTA E CINCO POR CENTO DAS PESSOAS QUE ME ESCREVEM OU ME CONTATAM ESPERAM QUE, DE MANEIRA IMEDIATA, COMO QUE FAZENDO UM MILAGRE, EU LHES DÊ UMA PÍLULA MÁGICA QUE AS TIRE DA SITUAÇÃO EM QUE SE ENCONTRAM ESTAGNADAS. SE, DURANTE ANOS, VOCÊ TEVE MAUS HÁBITOS OU SE ENCONTRAVA EM UM ESTADO DE COMODIDADE ABSOLUTA, É IMPOSSÍVEL REVERTER O PROCESSO EM UM ÚNICO DIA OU EM ALGUMAS HORAS. DESENVOLVER UMA DISCIPLINA E HÁBITOS NOVOS É INICIAR O CAMINHO PARA SAIR DA SUA ZONA DE CONFORTO.

RESUMO

CAPÍTULO 5

A GRANDE EDUCAÇÃO DOS MILIONÁRIOS

COMO FORMAR UMA MENTALIDADE MILIONÁRIA?

- **MANTENHA SUA SEDE DE CONHECIMENTO.** VOCÊ DEVE TER O HÁBITO DE LER TEMAS DIFERENTES QUE SEJAM DE SEU INTERESSE. APRENDER TODOS OS DIAS FAZ PARTE DE SUA RENOVAÇÃO.

- **CRIE IMAGENS MENTAIS GANHADORAS.** AO INICIAR O DIA, VOCÊ DEVE SENTIR QUE É UM TRIUNFADOR. IMAGINE QUE PODE CHEGAR A SER O NÚMERO UM EM TUDO O QUE FAZ.

- **TENHA FOCO, CONSTÂNCIA E VONTADE.** APEGUE-SE AOS SEUS OBJETIVOS E NÃO DESISTA. PARA CHEGAR A QUALQUER LUGAR É PRECISO DETERMINAÇÃO, PACIÊNCIA E PERSEVERANÇA.

ESSES PONTOS O PREPARARÃO PARA GERAR UMA ATITUDE TRIUNFADORA E ESTIMULARÃO A SUA ESTRUTURA MENTAL E EMOCIONAL. O PROGRESSO DAS PESSOAS MAIS PRÓSPERAS DO PLANETA FOI ALCANÇADO NÃO PELA EDUCAÇÃO TRADICIONAL, E SIM POR AQUILO QUE APRENDERAM GRAÇAS À SUA EDUCAÇÃO FINANCEIRA E À SUA MENTALIDADE MILIONÁRIA.

MAIS DETALHES

ADQUIRA EDUCAÇÃO FINANCEIRA

Se o dinheiro está em toda parte, por que tão poucos o têm? Porque crescemos com preconceitos e ideias equivocadas que nos incapacitam para saber como lidar com o dinheiro e tomar decisões corretas com relação a ele. Para mudar essa situação, você deve começar a ver o dinheiro como um aliado estratégico, e não como um inimigo ou algo distante que não é para você.

O verdadeiro passaporte para a abundância consiste em formar-se financeiramente. Mas muitos de nós partilhamos de uma ilusão acerca do conhecimento financeiro: acreditamos que sabemos tudo o que necessitamos na vida a respeito do dinheiro, e, no entanto, nossos erros frequentes demonstram o contrário. Os equívocos mais comuns que cometemos pela falta de educação financeira são os seguintes:

- Gastamos mais do que ganhamos.
- Não poupamos nem investimos, e o dinheiro parado não serve.
- ==Usamos excessivamente os cartões de crédito.==
- Gastamos em vícios (jogos, cigarros etc.)

- Não fazemos orçamentos por pensar que estes nos limitam.
- Permanecemos na nossa zona de conforto.

Não é por acaso que países como a Suécia e a Dinamarca gozam de uma grande prosperidade, já que têm um nível muito alto de educação financeira. Ambos os países apresentam vantagens consideráveis com relação a nós, como uma forte cultura de poupança, responsabilidade na capacidade de pagamento de seus cidadãos (já que eles pesquisam e comparam várias opções antes de adquirir produtos ou serviços) e a inclusão da educação financeira em seus programas educativos.

Se não lhe ensinaram nada disso, não se desmotive. A boa notícia é que você pode aprender e gerar um vínculo diferente com o dinheiro. Como? A primeira coisa a fazer é deixar de esperar pelo bilhete de loteria premiado. A segunda é incorporar os conhecimentos a seguir e colocá-los em prática:

> ESTEJA APEGADO AOS SEUS OBJETIVOS E NÃO DESISTA. PARA CHEGAR A QUALQUER LUGAR SE REQUER DETERMINAÇÃO, PACIÊNCIA E PERSEVERANÇA.

- **Atenha-se a um orçamento.** Vi pessoas e empresas que, por terem uma atitude presunçosa e de gastos desnecessários, ficam amarradas e sem saída. Por menores que pareçam esses gastos, representam uma carga importante no fim do mês. Não pense que manter um registro de

> NÃO É POR ACASO QUE PAÍSES COMO A SUÉCIA E A DINAMARCA GOZAM DE UMA GRANDE PROSPERIDADE, JÁ QUE TÊM UM NÍVEL MUITO ALTO DE EDUCAÇÃO FINANCEIRA.

gastos o limita. Muito pelo contrário: isso lhe permite chegar ao fim do mês com mais força, e com bom combustível. Explico brevemente como gerar um orçamento: a) faça uma lista de suas necessidades pessoais (despesas com moradia, alimentação, transporte, vestuário, despesas médicas, lazer, poupança e investimentos etc.); b) some todas as suas entradas de dinheiro (salários, rendimentos, investimentos, aposentadoria etc.); c) determine quais são as suas despesas, ainda que sejam muito pequenas; d) calcule a diferença entre receitas e despesas para não se endividar, e mantenha a sua saída de dinheiro controlada.

- ==Entenda que cada moeda é um soldadinho trabalhando para você.== Não importa se você é empregado, empregador ou dono de negócio. O dinheiro pode se mover conforme a sua vontade e como melhor lhe convier. Requer prática e paciência, mas cedo ou tarde a recompensa chega. Mova suas peças para que o dinheiro lhe gere uma renda passiva que não requeira a sua presença física. A isso se dá o nome de ativo. Sua característica principal é que produz uma renda ou um fluxo de dinheiro importante e não necessariamente você tem de estar presente para obtê-lo. Por exemplo: royalties por patentes ou licenças, aluguéis, direitos autorais etc. Isto é, ativo é colocar para alugar um apartamento que você adquiriu mediante um crédito bancário, são seus inquilinos que pagam as parcelas através do aluguel que você cobra, e a mais-valia continua a favorecê-lo. Gerar ativos lhe permitirá dispor de mais tempo para aproveitar a vida.

- **Eduque financeiramente a sua família.** Envolva seu cônjuge e seus filhos. Todos os membros da família devem estar em sintonia com as ideias e os novos conceitos que você está incorporando. Por exemplo, uma vez por semana você pode criar "o dia da educação financeira em casa". Ou então buscar jogos como Cashflow, de Robert Kiyosaki, que são de grande utilidade.

- **Nunca deixe de se instruir financeiramente.** Ainda, que, sem dúvida, eles sejam muito importantes, não se apoie apenas nos títulos universitários. A educação financeira é uma necessidade premente, e você terá que estudar por sua conta se quiser alcançar e compreender os segredos dos ricos. O importante é aprender por meio de artigos de jornais, livros, conferências, revistas especializadas etc. Você deve estar atento a qualquer informação que encontrar a respeito e que possa ajudá-lo.

> SE VOCÊ QUER PERDER PESO E TER MAIS SAÚDE, É NECESSÁRIO MUDAR A SUA RELAÇÃO COM A COMIDA E ADQUIRIR NOVOS HÁBITOS ALIMENTARES. SE PRETENDE MUDAR A SUA SITUAÇÃO FINANCEIRA, DEVERÁ MUDAR A SUA RELAÇÃO COM O DINHEIRO.

USE A SUA INTELIGÊNCIA EMOCIONAL

É muito importante que você saiba que o dinheiro não preencherá os seus vazios existenciais de modo algum. Com ou sem dinheiro, uma pessoa negativa ou apática perante a vida se manterá sempre dessa maneira se não combater essas más atitudes da forma adequada.

Em minha vida, conheci muitas pessoas negativas, mas me lembro de uma em especial que deixava tudo à própria sorte e, além disso, reclamava de tudo quando as coisas iam mal. Costumava jogar na loteria todos os dias, gastando quantias importantes de maneira desenfreada e obsessiva. O que você acha que aconteceu com essa pessoa? Hoje, ela vive sem dinheiro, em um estado de frustração permanente e com ressentimento contra Deus e o mundo, aos quais atribui sua grande desgraça. Agora, um ponto importante a respeito do dinheiro e que quero que você entenda é que todos nós podemos jogar e apostar, mas de uma maneira esporádica e saudável, sem que isso se converta em uma obsessão que destrua a sua vida ou a da sua família.

Em seu caminho para desenvolver uma mentalidade milionária, é indispensável que você utilize a inteligência emocional para encontrar um equilíbrio saudável no que concerne às suas emoções. Mas o que é inteligência emocional? É a capacidade de identificar e responder perante a conduta, o temperamento e as emoções próprias e dos demais. Em outras palavras, é saber gerenciar as suas emoções de maneira equilibrada e sensata, reconhecendo suas sensações e sentimentos e tirando proveito deles, de tal modo que lhe permitam ser feliz a cada dia. E o que essa inteligência interior tem a ver com o dinheiro? Muito. Observe que uma das principais causas do apego ao dinheiro são as ==emoções mal administradas.== Quantas vezes ouvimos falar de calotes ou abusos de poder ou de confiança porque o dinheiro termina dominando as pessoas? Daí o meu interesse em buscar que você seja uma pessoa equilibrada emocionalmente, já que, se o dinheiro chegar à sua vida, só a inteligência emocional

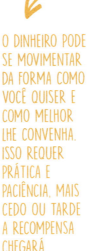

O DINHEIRO PODE SE MOVIMENTAR DA FORMA COMO VOCÊ QUISER E COMO MELHOR LHE CONVENHA. ISSO REQUER PRÁTICA E PACIÊNCIA. MAIS CEDO OU TARDE A RECOMPENSA CHEGARÁ.

o ajudará a lidar com essa tremenda energia que a abundância monetária envolve. De nada lhe servirá ter muito dinheiro se você não se sente bem consigo mesmo, porque não o usará de maneira proveitosa. Em minhas sessões de trabalho, muitos não entendem por que eu toco no tema das emoções quando falo de dinheiro. A importância reside no fato de que, para obter abundância, é necessário abandonar os seus apegos prejudiciais. Isto é, você deve eliminar aquelas inclinações nocivas, que destroem a sua vida ou o desviam dos seus objetivos. Porque é ao deixar seus maus hábitos para trás que você se torna livre e passa a desfrutar das coisas de verdade.

UMA DAS PRINCIPAIS CAUSAS DE APEGO AO DINHEIRO SÃO AS EMOÇÕES MAL ADMINISTRADAS.

> SE VOCÊ ASPIRA AO BANQUETE DAS BOAS EMOÇÕES, CULTIVE A SUA INTELIGÊNCIA EMOCIONAL AO MÁXIMO.

TENHA UMA ATITUDE MILIONÁRIA

A atitude positiva é um multiplicador nos negócios e uma sábia ferramenta interior para construir boas relações pessoais. Portanto, para levar uma vida de abundância é necessário que você tenha atitudes positivas. A boa atitude o aproxima da grandeza e o transforma no criador dos seus próprios momentos. Experimentar uma vida fantástica só depende de você, já que, como diz um conhecido provérbio chinês, "homem sem sorriso não abre loja".

Você já percebeu que muitas pessoas passam a vida com o cenho franzido, como que irritadas e criando barreiras entre elas e o ambiente à sua volta? Pareceria que essas pessoas não conhecem este segredo fundamental: uma atitude positiva é uma grande semente que abre portas e multiplica as alegrias, tanto no plano pessoal como nos negócios. É um estilo de vida que lhe trará grandes benefícios e se converterá na luz que o guia a cada momento.

Os donos das empresas pagam muito dinheiro para que uma consultora lhes diga: "Você tem uma atitude errônea para com os seus clientes". E se tem algo que a minha experiência como consultor de negócios me mostrou é que grande parte dos problemas da maioria das empresas se centra no fato de que tanto os donos como os empregados ==não têm a atitude correta perante os clientes, o que tende a gerar perdas importantes==. A solução é simples: saber sorrir e aprender a dar boas-vindas ou uma atenção afetuosa ao cliente, e então lhe oferecer um bom produto ou serviço. O caminho da prosperidade sempre requer um sorriso e uma atitude positiva. Isso também atrai riqueza. Aqui estão algumas ideias:

O CAMINHO DA PROSPERIDADE SEMPRE REQUER UM SORRISO E UMA ATITUDE POSITIVA.

- **Responsabilize-se pelas suas ações e formas de pensar.** Não cultive pensamentos negativos, já que isso o levará a ter uma má atitude. Por exemplo, se o seu chefe não lhe deu o aumento que você esperava, fale com ele, mostre como pode melhorar seu trabalho e pergunte que expectativas ele tem a respeito. Dessa maneira, você não fica na metade do processo; vai além e propõe o que tem que fazer para alcançar o que busca.

- **Faça uma lista de coisas negativas que deseja mudar.** Seja em seu trabalho, seja em sua vida cotidiana, sempre há coisas negativas que nos prejudicam. Proponho a você o seguinte exercício: pegue uma folha em branco e escreva as coisas negativas que você quer mudar; pense seriamente em como pode combatê-las. Ao terminar, queime o papel e deixe que se vá aquilo que o prejudica. Diga adeus ao que não lhe serve!

> AS BOAS ATITUDES ATRAEM RIQUEZA E MULTIPLICAM A SEMENTE DA ABUNDÂNCIA.

UMA HISTÓRIA PARA CONTAR

O único criador das suas atitudes é você. Ninguém mais é responsável pela sua maneira de ver o mundo. Para ilustrar esse ponto, quero partilhar com você uma sessão de trabalho que ainda recordo com grande clareza, na qual um casal pôde salvar seu casamento graças à mudança de atitude, à força de vontade e ao bom gerenciamento de seus egos.

Estávamos tratando de mudar a mentalidade na relação e encontrar as linhas de comunicação adequadas. A atitude positiva nos casais pode ser um grande pilar de desenvolvimento. Apresento a você o resumo do diálogo do casal estagnado, com disposição negativa e infrutífera, e o do casal renovado, com atitude positiva e proativa.

• **Casal estagnado**
"Não vamos dividir as despesas. Eu ganho mais do que você, então cada um na sua. Vou cuidar de mim e dos meus interesses. Trabalho mais do que você e sei seguir em frente pelos meus próprios meios."

Como podemos perceber, todas essas palavras estão carregadas de temores e egoísmo. É uma linha de comunicação centrada no eu que fomenta problemas e estresse.

• **Casal renovado**
"Amor, não importa a situação que estejamos passando, vamos progredir juntos e resolver os problemas que a vida nos apresente. Vamos dividir as despesas e, além disso, gerar um orçamento para alcançar a vida que queremos e merecemos. Vamos nos apoiar e ver a maneira de criar mais fontes de renda juntos."

Percebe a mudança de mentalidade e de atitude? Essa linha de comunicação abre portas, fomenta o diálogo e tem matizes de inteligência financeira, já que inclusive menciona um orçamento.

Mais à frente, abordaremos o tema do dinheiro em casais com mais detalhes. Assim, notaremos que os casais que se educam em assuntos financeiros e levam uma vida emocional saudável são os que conquistam uma vida plena e feliz.

GERE ABUNDÂNCIA

Reflita e anote em seu caderno.

1. **Que atitudes você apresenta com relação ao dinheiro?**
   Por exemplo: há aqueles que não querem gastar um centavo, a quem costumamos chamar de avarentos ou sovinas; por outro lado, há os generosos, que dão dinheiro a todo mundo sem refletir. Com qual dos dois você se parece?

2. **Analise como você se comporta com relação aos seguintes aspectos: dinheiro, trabalho, saúde e relacionamentos.**
   Com que atitude você os encara? Quanto tempo lhes dedica? Em quais aspectos você se sente mais forte e em quais, mais fraco?

3. **Que atitude tem sua equipe de trabalho? E as pessoas que o cercam habitualmente?**
   Positivas ou negativas? Colocam empecilhos a cada nova ideia ou são proativas sempre?

4. **Pense se você está gastando o seu dinheiro em algum objeto ou serviço que não seja imprescindível em sua vida.**
   Você poderia deixar de destinar o seu dinheiro a isso?

QUER CONHECER UM SEGREDO?

UMA ATITUDE MILIONÁRIA DEPENDE DA FORMA COMO VOCÊ ORDENA A SUA MENTE. QUER VOCÊ GOSTE DA VIDA QUE LEVA, QUER NÃO, O MODO COMO DECIDE VIVER CADA MANHÃ SÓ DEPENDE DE VOCÊ. CADA VEZ QUE OS SEUS OLHOS SE ABREM E VOCÊ CONTINUA RESPIRANDO, TEM UMA OPORTUNIDADE PARA SER FELIZ. CERTA OCASIÃO, PERGUNTARAM A WINSTON CHURCHILL POR QUE ESTAVA SEMPRE TÃO ALEGRE, AO QUE ELE SABIAMENTE RESPONDEU: "QUANDO AS COISAS VÃO MAL, É PRECISO ESTAR DE MELHOR HUMOR, POIS AS DESGRAÇAS FOGEM DE QUEM NÃO DÁ ATENÇÃO A ELAS".

RESUMO

PILARES FINANCEIROS

- **INTELIGÊNCIA EMOCIONAL**
- **EDUCAÇÃO FINANCEIRA**

MENTALIDADE MILIONÁRIA

GRANDE PARTE DO SUCESSO NA VIDA SE DEVE À ATITUDE POSITIVA E À PAZ EM SEU INTERIOR.

- CRIE
- EVOLUA
- EDIFIQUE
- AME

- MANTER UM FLUXO CONSTANTE DE DINHEIRO
- POUPAR UMA PORCENTAGEM DO SEU DINHEIRO
- CRIAR UM ORÇAMENTO DE DESPESAS PARA RESPEITÁ-LO
- DESENVOLVER UM PLANO DE INVESTIMENTO
- TER MAIS DE UMA FONTE DE RENDA
- REPETIR O PROCESSO COM BOA ATITUDE

AJUDA VOCÊ A

CAPÍTULO 6

A SABEDORIA DO DINHEIRO

PARA GRANDE PARTE DA SOCIEDADE, O DINHEIRO CONTINUA SENDO UM TABU. E, EMBORA CADA VEZ ESTEJAMOS MAIS PRÓXIMOS DE ENTENDER COMO ELE FUNCIONA E COMO INFLUI EM NOSSA VIDA, CONTINUAM SENDO POUCOS OS QUE SE ATREVEM A FALAR SOBRE O ASSUNTO COM LIBERDADE, JÁ QUE IMEDIATAMENTE SÃO ROTULADOS DE MATERIALISTAS, MAL-EDUCADOS, DE MAU GOSTO ETC. ESSA RESTRIÇÃO FAZ QUE NOS PRIVEMOS DE UMA VIDA DE ABUNDÂNCIA, QUANDO, NO FIM DO DIA, TODOS NÓS PRECISAMOS DE DINHEIRO, INDEPENDENTEMENTE DE SERMOS RELIGIOSOS OU NÃO, TERMOS MUITOS TÍTULOS OU NÃO, E DA NACIONALIDADE QUE TEMOS. OU ACASO NÃO QUEREMOS DAR O MELHOR AOS NOSSOS FILHOS, AOS NOSSOS PAIS, A QUEM AMAMOS? O DINHEIRO NOS PERMITE ARCAR COM AS NECESSIDADES BÁSICAS PARA SOBREVIVER, ALÉM DE NOS FACILITAR O ACESSO A COMODIDADES E DE NOS DAR LIBERDADE. PORTANTO, POR QUE DEVERÍAMOS VÊ-LO COMO ALGO NEGATIVO? SE VOCÊ PRETENDE OBTER UMA MENTALIDADE MILIONÁRIA, É NECESSÁRIO QUE CRIE UM DIÁLOGO POSITIVO NO QUE CONCERNE AO DINHEIRO.

O VERDADEIRO MILIONÁRIO

Um verdadeiro milionário sabe quem é e como monetizar suas qualidades. É claro que você se encontrará com outros tipos de milionários que não apresentam essas características, mas os do século XXI devem ter altas doses de inteligência emocional, além de saber entender e administrar suas batalhas interiores. Quem domina seu interior, dominará o novo sistema monetário. Aqui vão algumas ideias essenciais a respeito.

Estrutura mental de um milionário

Tolerância à frustração
Não perdem o controle diante dos problemas e sabem reagir ao tédio ou à ansiedade.

Autocrítica
Sabem admitir seus erros e os corrigem.

Atitude milionária
Adoram o aroma de oportunidades.

Produtivo e positivo
Focam nas coisas de valor, e não no que há de negativo.

> **Senso de urgência**
> Fazem as coisas bem desde o começo, pois seu tempo é valioso.
>
> **Controle do ego**
> Sabem calar a voz interior negativa.

UM VERDADEIRO MILIONÁRIO CONHECE A SI MESMO E SABE COMO MONETIZAR SUAS QUALIDADES.

Temos que mudar o paradigma do que se crê ser uma pessoa com dinheiro, já que geralmente temos conceitos negativos sobre elas. E isso é lógico, porque vivemos influenciados por uma infinidade de mitos, meias verdades e preconceitos. Não vamos negar que há pessoas com dinheiro que são desonestas, abusivas, prepotentes e que só pensam em seu próprio benefício. Mas elas não correspondem ao modelo de quem conta com uma mentalidade milionária e que descrevo a seguir.

- Um verdadeiro milionário não se aferra ao velho; sua mente milionária lhe dá acesso a grandes e novas experiências.

- Tampouco é escravo do tempo: usa seu tempo de forma valiosa.

- Compartilha sua riqueza e desfruta do sucesso com quem o ajudou a consegui-lo.

- Sabe que as melhores coisas se encontram detrás do medo e do desconhecido, e que é aí aonde poucos se atrevem a chegar.

- Todos os dias, enche sua mente milionária de grandes sonhos e sua agenda, de ações produtivas.

- É tão rico quanto a quantidade de oportunidades que pode gerar para outros e as doações que faz para os mais necessitados.

- Sabe que quanto mais dá, mais recebe, expandindo assim sua fortuna.

O DINHEIRO SÓ TRAZ FELICIDADE SE HÁ RIQUEZA EM SEU CORAÇÃO.

CONSTRUA A SUA REALIDADE

Existe um "círculo virtuoso" de ações que conduzem a uma economia saudável e próspera ao qual chamamos de círculo do dinheiro. Está constituído por onze ações importantes que, se aplicadas sistematicamente, o levarão a uma economia equilibrada e favorável. Se, ao administrar suas finanças pessoais, você transformar essas ações em hábitos, estará no caminho certo rumo a uma mente milionária.

Círculo do dinheiro

1. **Poupar**
   Recomenda-se poupar de 10% a 30% da sua renda. Separe essa quantia quando o dinheiro chegar às suas mãos, e não ao final, quando não restar nada.

2. **Investir**
   Os bens de raiz são uma boa opção. Você pode começar adquirindo pequenos terrenos com boa projeção.

3. **Empreender**
   Em coisas de que você verdadeiramente goste e sobre as quais entenda.

4. **Ler**
   Pelo menos um livro por mês que trate sobre dinheiro.

5. **Padronizar processos**
   Para construir um marco de referência, garantir a qualidade do sistema e medir sua eficácia. Isto é, desenvolver um método e seguir as regras para sua execução. Isso lhe permite formar uma nova mentalidade, além de lhe dar disciplina.

6. **Fazer relações públicas**
   Conheça ao menos oito novas pessoas por mês e mantenha contato com elas.

7. **Reinvestir**
   Recomendo não retirar os lucros no primeiro ano. É necessário dar os nutrientes ao negócio para que amadureça e se fortaleça.

8. **Compreender as rendas passivas**
   São aquelas pelas quais você só trabalha uma vez para gerar e que depois lhe produzem uma renda recorrente.

9. **Pensar grande**
   Não ponha limites aos seus pensamentos.

10. **Monitorar e se ater ao seu orçamento**
    Serve para criar um futuro financeiro de sucesso e tirar o máximo proveito do seu dinheiro. Observe suas receitas e despesas sem perder o entusiasmo, já que isso lhe permite cumprir melhor as suas metas.

11. **Servir e gerar valor sempre**
    Ofereça o maior benefício com relação ao custo que se deve pagar. Isso garante que as pessoas percebam que tudo o que você oferece vale a pena, sempre superando as expectativas delas.

SE VOCÊ QUISER DESENVOLVER UMA VERDADEIRA MENTALIDADE MILIONÁRIA, DEVE PENSAR GRANDE.

PARA POUPAR DE 10% A 30% DA SUA RENDA, SEPARE ESSA QUANTIA QUANDO O DINHEIRO CHEGAR ÀS SUAS MÃOS, E NÃO AO FINAL, QUANDO NÃO RESTAR NADA.

O círculo do dinheiro tem uma ordem e, se você não está obtendo sucesso financeiro, talvez seja porque interrompe o processo pela sua impaciência. Dê a ele o tempo necessário e motive-se através da sua mente criadora. É muito importante que você faça as pazes com o dinheiro e lembre que ele não é o culpado de absolutamente nada. É você quem muda quando o dinheiro chega, é você quem se sente de outro planeta ao tê-lo, é você quem o usa ou ostenta. Ao nos relacionarmos mal com o dinheiro, nós mesmos o afastamos da nossa vida. Agora, se você aprender a administrar uma pequena quantia, também terá a habilidade de gerenciar uma grande fortuna. Não importa a dimensão do seu capital. As mesmas regras se aplicam para todos e para qualquer soma monetária. Minha recomendação é que você pratique em pequena escala para que depois esteja preparado para as grandes ligas. Lembre-se de que, se você quiser desenvolver uma verdadeira mentalidade milionária, deve pensar grande, para assim alcançar tudo o que deseja. Vejamos agora estas quatro regras essenciais do dinheiro.

REGRA 1: Ganhe dinheiro com sabedoria

Se temos problemas econômicos, é porque deixamos de fazer coisas importantes, como um orçamento atualizado, estipular metas claras por escrito, diversificar as fontes de renda, gerar renda passiva etc. ==Você deve se programar com ordens mentais em voz alta ("Serei o melhor no que faço") e realizar aquilo que nunca fez ou deixou de fazer, colocando-o em prática.== Nesse sentido, seu telefone celular pode ser um gerador de riqueza, ainda que para muitos seja apenas um gasto mensal que lhes consome dinheiro sistematicamente. Por exemplo, faça as chamadas correspondentes aos seus clientes ou possíveis compradores para tirar proveito do dispositivo, ou talvez seja o caso de levar seu produto ou serviço a um aplicativo para celulares. Se o seu celular tem uma boa câmera, existem aplicativos gratuitos para que você comece a publicar suas fotos artísticas e criativas. Se alguém comprar a sua foto, como empresas de publicidade ou marketing, que são as mais interessadas, lhe pagarão uma comissão.

REGRA 2: Use o dinheiro para ganhar mais dinheiro

Se você vai produzir mais dinheiro, pode usar o seu, o de um crédito ou o de empréstimos familiares. Mas jamais use dinheiro de terceiros para aquilo que não lhe gere mais dinheiro. Por exemplo, não peça emprestado para uma viagem de férias. Primeiro produza o fluxo requerido para poder se dar esse descanso que merece. Evite a saída mais fácil, que é pagar com o cartão de crédito. Use a sua criatividade, e que seja um desafio gerar a quantia que você necessita para as suas tão sonhadas férias.

REGRA 3: Perca o medo de investir

Os melhores negócios se fazem quando há uma crise. É necessário correr riscos, embora sempre calculados. Se você está buscando ganhar muito e não arriscar nada, está no caminho errado. Uma mentalidade milionária se atreve a sair da zona de conforto, se aventura a ser diferente, a sonhar grande e a agir da mesma maneira. Um risco calculado é quando você planeja em detalhes e contempla, antes, as diferentes opções. Convido você a desenvolver um bom plano de negócios e a dedicar tempo para realizar as projeções financeiras necessárias se quiser investir em um negócio. ==Explore todos os cenários possíveis e aprenda a estar preparado para qualquer eventualidade==. Assim, você poderá elaborar um orçamento adequado e real.

REGRA 4: Programe-se para ganhar

Se você está acostumado a escutar o tempo todo as palavras "riscos", "crise" ou "dificuldades", está programado para não ganhar. Em todo lugar há problemas, mas isso não deve ser um impedimento para seguir em frente. Livre-se dos temores e adquira informações úteis para que o seu cérebro o transforme em um ganhador. As palavras que você usa de maneira cotidiana exercem um papel muito importante em seu dia, já que são um meio para desenvolver uma mente de abundância. Elas podem chegar a dar forma a tudo à sua volta, porque têm muito poder.

> É MUITO IMPORTANTE QUE VOCÊ FAÇA AS PAZES COM O DINHEIRO.

Algumas pessoas não saem de seus problemas econômicos porque, além de ter maus hábitos financeiros, têm arraigado um vocabulário que não as ajuda. Por exemplo: "Sofremos com a crise"; "Isso é impossível para mim"; "Não creio que exista uma saída" etc. As palavras são decretos em sua vida. Se você aprender a linguagem do dinheiro, ele vem. Experimente repetir em voz alta: "Minha riqueza está em saber administrar o meu tempo e focar nas coisas que são realmente produtivas". A verdadeira origem de qualquer fortuna começa com um léxico rico em decretos que lhe permitam construir a sua realidade.

Por outro lado, na verdadeira sabedoria do dinheiro você poderá encontrar dois conceitos de extrema importância: servir e gerar valor. Quanto mais você servir e facilitar a vida das pessoas, mais dinheiro poderá obter.

> O BOM TRABALHO DÁ SATISFAÇÃO E DIGNIFICA AQUELES QUE AGEM SEGUNDO AS REGRAS DO CORAÇÃO, SEM VIOLENTAR SUA INTEGRIDADE HUMANA E COM MUITA SABEDORIA.

CRIATIVIDADE E RIQUEZA

A criatividade é a capacidade que os seres humanos têm de conceber algo. Essa capacidade tem um papel fundamental em sua liberdade financeira. A mente milionária produz ideias positivas e soluções. Por isso, a criatividade tirou muitos da escassez material. Ativar esse mecanismo depende de você.

==A criatividade é sinônimo de riqueza== e é universal, já que todos podem ter acesso a ela. É parte da nossa natureza humana. Para alcançar a abundância é necessário ter e desenvolver grandes doses de criatividade. Pense que em nossos tempos ainda existem muitos problemas a serem resolvidos, e há muito capital esperando por ideias inovadoras que rompam com o estabelecido.

Hoje, mais do que nunca, devemos valorizar as nossas próprias ideias. Se temos problemas econômicos, as ideias criativas podem nos ajudar a resolvê-los. Vivemos em uma era privilegiada e extremamente criativa, porque temos muita informação disponível, além de tecnologia e recursos econômicos para alcançar grandes coisas.

LIVRE-SE DOS TEMORES E ADQUIRA INFORMAÇÕES ÚTEIS PARA QUE O SEU CÉREBRO O TRANSFORME EM UM GANHADOR.

Como consultor de negócios, percebi que há pessoas que não estão felizes em seus locais de trabalho; o principal motivo se deve a espaços de trabalho pouco atraentes ou descuidados. Isso diminui a criatividade delas e faz que sejam menos produtivas, o que provoca perdas econômicas às suas respectivas empresas. Considere que somos seres emocionais e a criatividade está relacionada com as emoções. Portanto, se você está bem, a sua mente também estará em condições de ser criativa. Ninguém poderá escapar desta era de economia criativa tampouco da transformação digital. Por isso, as pessoas que desenvolverem um pensamento criativo e inovador serão muito valorizadas. O olhar disruptivo vê coisas que outros

A MENTE MILIONÁRIA PRODUZ IDEIAS POSITIVAS E SOLUÇÕES.

não veem e, além disso, sempre coloca a inovação acima de tudo. Em geral, as pessoas que pensam de um modo diferente são censuradas ou julgadas. Mas, na era da economia criativa, quem estimular o pensamento criativo ganhará muito dinheiro.

Para gerar pensamentos disruptivos é necessário formular hipóteses que também o sejam. Pergunte-se: "e se...?". Convido você a realizar uma chuva de ideias e a não se fechar a novas possibilidades, por mais descabidas que pareçam. Dou um exemplo: "e se a minha roupa me desse informações importantes sobre o clima, a minha saúde e o trânsito?".

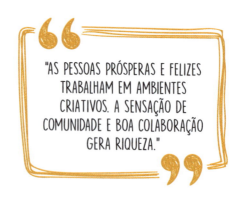

"AS PESSOAS PRÓSPERAS E FELIZES TRABALHAM EM AMBIENTES CRIATIVOS. A SENSAÇÃO DE COMUNIDADE E BOA COLABORAÇÃO GERA RIQUEZA."

UMA HISTÓRIA PARA CONTAR

Para a empresa Apple, a criatividade rendeu milhões. Uma história interessante em torno disso foi o caso do iPod, esse pequeno artefato que revolucionou a maneira de transportar e reproduzir música. Foi um sucesso graças à formidável criatividade da equipe da Apple e à visão de Steve Jobs, o líder que chegou a descobrir novos caminhos em nossa realidade.

Transformou os computadores, a música e o cinema, criando uma nova indústria que nunca pensamos necessitar. Mas não foi apenas com o iPod que provocou essas grandes mudanças, e sim com a maioria de seus produtos, conseguindo criar uma empresa multimilionária.

O mais importante foi que Steve Jobs não se preocupava com o dinheiro, e sim com estar constantemente fomentando a criatividade e a fabricação de produtos inovadores, como disse em uma entrevista.

"Eu tinha mais de um milhão de dólares aos 23 anos, mais de dez milhões aos 24 e mais de cem milhões aos 25, e nunca foi importante, porque eu nunca fiz isso por dinheiro."

Então você já sabe, nunca renuncie aos seus sonhos, ame o que faz e não se esqueça de que a criatividade sempre deve ocupar um papel fundamental.

GERE ABUNDÂNCIA

Deixo alguns decretos que você pode colocar em prática em sua vida, não sem antes observar que isso não é magia. É necessário que você esteja alinhado com a ação e a mentalidade milionária. Dedique uns quinze minutos pela manhã para refletir conscientemente sobre estes pontos e prepare-se para o dia:

1. **Ninguém pode me prejudicar sem o meu consentimento.**
   Fico com o que há de bom e elimino o que há de mau em minha vida.

2. **Minha riqueza está em focar nas coisas que são realmente produtivas e em saber administrar o meu tempo.**
   Otimizo o meu tempo, porque é valioso.

3. **Minha mente milionária é terra fértil, um lugar onde só se plantam pensamentos positivos.**
   Sou o que penso, e a semente do medo não me domina.

4. **Promessa ao dinheiro: vou ser a mesma pessoa se o dinheiro chegar em abundância, pois o quero em minha vida para sempre.**
   Eu o administrarei com um coração são, sem apegos nocivos, porque é uma ferramenta para fazer o bem, e também porque possuo a mentalidade milionária necessária para conservá-lo.

QUER CONHECER UM SEGREDO?

OS BANCOS JOGAM A FAVOR DE QUE VOCÊ SE EQUIVOQUE, PORQUE DESSA MANEIRA GANHAM MUITO DINHEIRO. MAS SEMPRE VAI SER MELHOR SE FOR VOCÊ QUEM JOGAR COM O DINHEIRO DELES, SE ESTIVER ALERTA E SAIR BENEFICIADO CONHECENDO EXATAMENTE AS SUAS DATAS DE FECHAMENTO, AS DATAS LIMITE DE PAGAMENTO E OS PAGAMENTOS NECESSÁRIOS PARA NÃO GERAR JUROS. LEMBRE-SE DE USAR SOMENTE DÍVIDA BOA PARA PRODUZIR MAIS DINHEIRO. VOCÊ PODE CONSEGUIR UM CRÉDITO PARA CAPITAL DE TRABALHO DESTINADO A EXPANDIR O SEU NEGÓCIO, DESDE QUE EXISTA UM PLANEJAMENTO FINANCEIRO ADEQUADO. O FLUXO DE DINHEIRO QUE VOCÊ GERAR DEVE SER SUFICIENTE PARA PAGÁ-LO E TER UMA RENTABILIDADE IMPORTANTE.

RESUMO

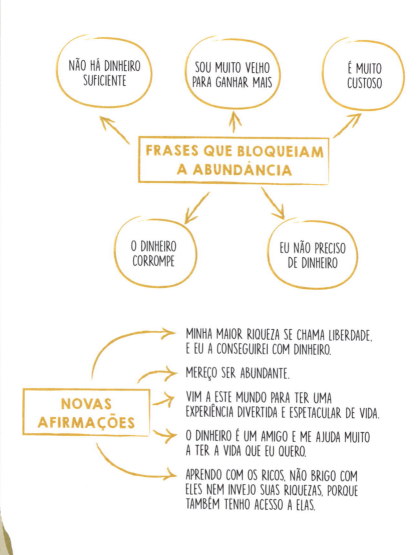

CAPÍTULO 7

A NOVA ECONOMIA

ESTAMOS NA MELHOR ÉPOCA PARA GERAR ABUNDÂNCIA E PROSPERIDADE EM NOSSAS VIDAS DE MODO SÁBIO E NATURAL. TRANSITAMOS RUMO A UMA NOVA CONSCIÊNCIA QUE ESTÁ INTIMAMENTE LIGADA COM AS CAPACIDADES ÚNICAS E INDIVIDUAIS QUE TODOS OS SERES HUMANOS POSSUEM. NAS PRÓXIMAS DÉCADAS, VIVEREMOS EM UMA ECONOMIA QUE RENOVARÁ A MANEIRA DE NOS RELACIONARMOS COM O DINHEIRO E DE MONETIZAR NOSSAS CAPACIDADES. A NOVA ORDEM NOS TORNARÁ MAIS CONSCIENTES DE COMO PRODUZIMOS RIQUEZA. AGORA, NESTE TEMPO DE TRANSIÇÃO, PRECISAMOS NOS ADAPTAR AO NOVO SISTEMA COM TODA A NOSSA ENERGIA. SEU SUCESSO DEPENDERÁ DE QUÃO ATENTO VOCÊ ESTÁ A ESSAS MUDANÇAS PARA SE BENEFICIAR DELAS. PORQUE, ALÉM DE SER ALGO QUE SE ESTUDA TODOS OS DIAS, O SUCESSO É UM ESTILO DE VIDA QUE REQUER MANTER A MENTE E O CORAÇÃO BEM ABERTOS.

IDENTIFIQUE O QUE VOCÊ GOSTA

Se você não trabalha naquilo que ama, é possível que esteja atravessando um conflito interno porque não está se desenvolvendo naquilo que realmente gosta de fazer e que o motiva. Perante essa situação, a primeira pergunta que surge é: como fazer para me desenvolver em algo que realmente me satisfaça e me complete como pessoa? A resposta se encontra em suas habilidades naturais. Mas o que são elas? São capacidades especiais que os seres humanos têm para desempenhar uma atividade ou exercer uma ocupação. Essas capacidades estão associadas com as habilidades inatas de cada um, e são algo que nos motiva e nos enche de entusiasmo não só porque gostamos de fazer, como também porque sentimos que bem poucos podem fazer isso tão bem quanto nós. Em outras palavras, são uma expressão de nossa grandeza, a qual se espelha na fase criadora da natureza, e que são exercitadas com entusiasmo, dedicação e vontade. São um verdadeiro tesouro na geração de riqueza e abundância em sua vida.

==Sempre me perguntam qual é a melhor forma de ganhar dinheiro, e a minha resposta é a mesma: monetizando seus pontos fortes e por meio dos fundamentos e dos princípios da mente milionária.== Esses dois elementos são os pilares básicos para esta era que atravessamos.

O SUCESSO É UM ESTILO DE VIDA QUE REQUER MANTER A MENTE E O CORAÇÃO BEM ABERTOS.

Por isso, quem mudar sua mentalidade, experimentará um novo horizonte para atrair a abundância. Ter uma mente milionária é um estilo de vida, pois você não deixará de se perguntar sobre a sua realidade, já que esse tipo de mente sabe que você deve encontrar o que o faz feliz para obter a abundância de maneira saudável e equilibrada. Nesse sentido, é muito importante nos dedicarmos a algo que tenha um significado genuinamente valioso para nós. Ou você não sabia que grande parte das pessoas que mais ganham dinheiro neste planeta são as que de verdade amam o que fazem, obtendo, na maioria dos casos, mais do que necessitam por causa disso? Comece a observar em que você é bom, adapte-se a esta nova era e flua com ela. Se você trabalha em algo de que não gosta, não se preocupe: pode ir descobrindo e aperfeiçoando os seus pontos fortes de forma paralela para quando estiver pronto para empreender o voo rumo àquilo que ama de verdade. Todos nós somos bons em algo, isso eu posso garantir. Talvez você seja hábil para falar em público, alguém pode ser bom com os números, e outra pessoa, para vender ou liderar, para aconselhar ou escrever. Existe uma atividade na qual você é muito bom, e você precisa saber qual é para ganhar dinheiro com isso.

Quando eu falo com os meus clientes, muitos me dizem: "É que eu preciso trabalhar. Não tenho opção".

Por outro lado, poucos comentam: "Estou ótimo. Desfruto do meu trabalho, porque o amo". ==Se você realiza uma atividade só pelo dinheiro, e esta não coincide com os seus gostos e interesses, está sujeito a perder o norte e a desanimar com mais facilidade.== Se você vai ganhar a vida, que seja com o melhor que sabe fazer; e elimine de seu vocabulário a expressão "qualquer trabalho serve".

Você imagina o bilionário mexicano Carlos Slim como futebolista? Nunca saberemos se ele teria chegado a ser uma figura excepcional do esporte, mas temos toda certeza de que ele é um líder destacado e um criador de grandes empresas em nível mundial. E sabe a que se deve sua excelência como empresário e investidor? Ao seu talento natural para os negócios.

TALENTO = PODER = RIQUEZA = POTENCIAL NATURAL = FORÇA ESPIRITUAL

Como exercício, proponho que você pegue o seu caderno e uma caneta, afaste-se do barulho e procure um lugar onde possa ter tranquilidade. Tome seu tempo. Se a vida toda você batalhou para saber qual é a sua habilidade natural, precisa se questionar para revelar esse grande tesouro que guarda dentro de si. Não se angustie. Estou aqui para ajudá-lo a descobrir a sua grandeza. Agora, deixe-se levar e responda às seguintes perguntas:

1. Quais são as suas melhores habilidades?
2. Que atividades o faziam sorrir quando criança?
3. ==Com que atividades você perde a noção do tempo?==
4. Que coisas acha fáceis de fazer?
5. Pelo que as pessoas costumam lhe agradecer?
6. Imagine que você ganhou na loteria. Em que investiria dinheiro?
7. Sobre que assuntos você gosta de falar com seus amigos ou entes queridos?
8. Como você costuma ajudar os outros?
9. Como você gostaria de ser lembrado?
10. Sobre que assuntos você gosta de pesquisar ou buscar na internet?
11. Que coisas o apaixonam e emocionam?

Não se preocupe se as respostas não chegarem de imediato. Você deve ter essas perguntas presentes e trabalhá-las todos os dias de maneira profunda. A grande notícia é que, desse modo, você descobrirá o seu talento e encontrará o caminho. Se você se dedicar a desenvolver e potenciar a sua capacidade natural de forma consciente e exclusiva, será um triunfador, e a abundância chegará à sua vida. E, se com igual consciência, você fomentar a mentalidade milionária como estilo de vida, estará em sintonia com esta era e poderá obter suas riquezas. Nesta economia dos talentos, devemos ver os problemas com mais amabilidade, usando nossas qualidades para resolvê-los. Quanto mais problemas você resolver, maiores serão a sua inteligência e a sua criatividade. Quanto mais paixão você puser em suas atividades, mais livre será. Ou você nunca ouviu aquele ditado que diz que quando alguém se dedica ao que gosta, não precisa trabalhar? É disso que se trata, de que você não veja a sua atividade como um fardo, e sim como algo que você aprecia e que traz paz ao seu coração.

> SE VOCÊ VAI GANHAR A VIDA, QUE SEJA COM O MELHOR QUE SABE FAZER.

> SE VOCÊ FOCAR NO TALENTO, VIVERÁ COM PLENITUDE E GRANDE EQUILÍBRIO EMOCIONAL.

MONETIZE OS SEUS TALENTOS

O que acontece quando você sabe em que é bom, mas isso ainda não lhe gera dinheiro? Se você já sabe quais são as suas habilidades naturais, precisa aprender a ganhar dinheiro com elas. É muito importante que, se você é bom em algo, não o faça de graça. Seu talento vale ouro, e você deve respeitá-lo. Não tenha medo de colocar um preço nisso, porque as pessoas pagarão por aquilo que você faz. Trata-se de sua carta de apresentação.

Para dar a conhecer essa habilidade natural, você precisa confiar em si e construir a sua própria marca pessoal. Imprima nela o seu próprio estilo e faça isso de maneira profissional. Não descarte criar um logotipo, ter sua página web e mostrar-se como especialista na habilidade que possui. Você pode escrever artigos ou blogs que o projetem, gravar vídeos e subi-los no YouTube, participar de eventos e criar redes de contatos ou networking. O importante é que o seu talento se mostre profissional. Dessa maneira, poderá cobrar com autoridade, pois as pessoas confiarão em você. Por exemplo, se você é bom em pintura, ao fazer tudo isso poderá se projetar para o mundo. Sabia que, atualmente, os millenials são a maior geração de consumidores do planeta? Então, você precisa estar preparado, já que existe um enorme mercado disposto a pagar pelo seu talento. Há, aí, uma magnífica oportunidade de fazer negócios. É hora de resgatar a habilidade que você deixou de lado por muito tempo, porque ninguém lhe ensinou como aproveitá-la. Desde muito novos, muitos de nós vimos que o prêmio por trabalhar oito horas diárias, ou mais, era acabar incomodados, aborrecidos e sem energia, desempenhando atividades alheias à nossa paixão. Para não cair nessa situação, obrigue-se a encontrar a maneira de rentabilizar o que você sabe fazer bem e que carrega no sangue. A necessidade é a mãe das grandes ideias; não tenha medo, já que a vida muda radicalmente quando você ama o que faz.

IMAGINE QUE VOCÊ GANHOU NA LOTERIA. EM QUE INVESTIRIA DINHEIRO?

> **GERE ABUNDÂNCIA EM SUA VIDA, UTILIZANDO AS SUAS HABILIDADES NATURAIS COM SABEDORIA E COLOCANDO-AS A SERVIÇO DO BEM COMUM.**

DESENVOLVA UM PLANO ESTRATÉGICO

Um dos grandes erros que muitos jovens cometem quando saem da universidade é não ter um plano que lhes permita estar bem economicamente, já que ninguém lhes ensina como elaborá-lo. Para prosperar, é indispensável desenvolver um plano estratégico que analise com seriedade e responsabilidade os seus pontos fortes e fracos. Defina por escrito sua missão, objetivos e valores para a sua vida: conheça exatamente quanto é que você quer ganhar; tenha um orçamento claro e um plano de poupança e investimento; descubra em que lugar você está para saber chegar às suas metas.

Em outras palavras, o que eu estou pedindo que você faça é algo parecido com um mapa de riqueza. Você pode usar uma lousa e projetar o seu futuro nela, ou então utilizar imagens de revista que definam claramente como você quer se ver. Só peço que não se deixe levar pela corrente, e averigue o que quer fazer exatamente com a sua vida profissional ou laboral, porque, se você não sabe, quem pode saber? Essa é a melhor maneira de estarmos preparados para enfrentar as batalhas que o sistema nos apresenta, não importa qual carreira você tenha ou qual seja o seu talento. Lembre-se de que os patrocinadores de todos os seus sonhos devem ser os seus dons, essas capacidades inatas que há em você, já que lhe farão sentir-se pleno e feliz em todos os momentos. Portanto, deixe de realizar atividades que não façam parte do seu plano estratégico de vida. A seguir, compartilho as vantagens que você poderá observar ao elaborar esse mapa ou plano estratégico.

- Você tomará decisões melhores. Ao saber exatamente aonde quer chegar, terá um contexto mais poderoso e certeiro. Já não se deixará levar pela corrente nem terá que dizer: "Vamos ver o que o destino me reserva".

- Você terá claras as atividades que o aproximarão do seu projeto de vida. Muitas pessoas não fracassam; apenas deixam de tentar porque se perdem em meio a tantas atividades que não as conduzem aonde querem, o que as desmotiva logo.

> DEIXE DE REALIZAR ATIVIDADES QUE NÃO FAÇAM PARTE DO SEU PLANO ESTRATÉGICO DE VIDA.

- Você verá de forma tangível tudo o que se encontra nesse mapa ou plano estratégico. Será como se já estivesse passando da sua mente à realidade.

- Você estará mais disposto a celebrar as suas conquistas, por menores que sejam. Saberá que cada passo que der o leva à meta e ao objetivo estabelecido.

- Você vislumbrará o seu futuro com mais clareza ao desenhar seu mapa mental de riqueza. Terá em suas mãos a tela para pintar cada detalhe da vida que quer.

- Para elaborar o plano de riqueza, é útil desenhá-lo em função dos temas a seguir, incluídos nas grandes categorias que há em nossa vida.

- Categoria profissional: carreira, educação, habilidades, negócios etc.
- Categoria pessoal: pais, filhos, família, casal etc.
- Categorias secundárias: diversão, estilo de vida, viagens etc.

> SE VOCÊ AMA O QUE FAZ, QUALQUER CÉDULA OU MOEDA QUE TIVER NO BOLSO VAI SE MULTIPLICAR.

UMA HISTÓRIA PARA CONTAR

Quando pequeno, eu pensava que os adultos sabiam de dinheiro e que amavam o que faziam. Mas hoje sei que isso não é de todo certo.

Um dia, dirigindo de volta para casa, caía um temporal e o medidor de gasolina indicava que eu estava prestes a ficar preso no meio do caminho. Eu me encontrava em uma área afastada e me sentia angustiado pelo clima, esperando encontrar um posto de gasolina o mais rápido possível.

Lembro que estava quase escurecendo e eu só pensava que não queria ficar naquela área despovoada. Imediatamente vi dois carros que obstruíam o caminho estreito. Sob aquela chuva forte, havia dois homens discutindo. Para mim, não podia ser pior. Esperei um pouco para ver se eles se moviam, mas o tempo passava e eles continuavam com sua polêmica acalorada, sem se importar de estarem se molhando. Eu não tinha como avançar, então desliguei o carro. Em meu desespero, decidi descer e intervir. Perguntei a eles o que estava acontecendo e por que não se apartavam. Então, um deles virou para mim e me disse com voz agitada que eles estavam fartos do negócio no qual eram sócios, que não chegavam a um acordo e que haviam perdido muito dinheiro. Eu perguntei que tipo de negócio eles tinham, e a resposta foi contundente:

— Um que nunca entendemos, no qual jamais delegamos responsabilidades e no qual nos metemos porque um conhecido se saiu muito bem no ramo. Eu os fitei sem dizer uma palavra. Tudo estava dito. Voltei ao meu carro pensando em quantas histórias similares existem, quando nos envolvemos em negócios sem entender sua essência, sem saber se coincidem com nosso propósito de vida e sem saber se realmente são compatíveis com o nosso talento. Como podemos esperar nos sair bem em uma atividade cuja natureza não compreendemos?

GERE ABUNDÂNCIA

A melhor maneira de obter bons resultados é sitiando o seu cérebro. Algo assim como expor-se de maneira obrigada às informações relacionadas com o que você quer alcançar ou aprender. Desse modo, você força o cérebro a pensar e agir em função daquilo que anseia. Sabendo isso, agora quero que você realize o seguinte exercício.

1. Busque e dedique-se a ver filmes ou a ler livros (no mínimo três) relacionados com os talentos ou com pessoas que tiveram sucesso graças ao uso de seus talentos.

2. Anote três sonhos que queira realizar.
   Coloque data de início e de fim para que não fiquem em um simples sonho. Anote todos os passos intermediários que você deve dar para concretizá-los.

3. Faça uma proposta para desenvolver o seu próprio plano estratégico ou para monetizar o seu talento, já que o sucesso deve ter um planejamento.

QUER CONHECER UM SEGREDO?

PARA QUE A SUA DÍVIDA AINDA SEJA SAUDÁVEL E CONTROLÁVEL, DEVE SER MENOR QUE TRINTA POR CENTO DA SUA RENDA. SE A DÍVIDA ULTRAPASSAR ESSE PERCENTUAL, VOCÊ ENFRENTARÁ SÉRIOS PROBLEMAS, E ELA CONTINUARÁ CRESCENDO SE VOCÊ NÃO SE AJUSTAR OU ENCONTRAR UMA MANEIRA DE GERAR MAIS FONTES DE RENDA.

RESUMO

CAPÍTULO 8

OS PRÓXIMOS MILIONÁRIOS

JÁ REPAROU QUE TODOS OS NOSSOS SISTEMAS POLÍTICOS, EDUCATIVOS, JURÍDICOS, ECONÔMICOS E DE SAÚDE FORAM DESENHADOS PARA UM MUNDO DE CEM ANOS ATRÁS? ISTO É, FORAM CRIADOS PARA UM MUNDO QUE NÃO CONSIDERAVA A NOSSA REALIDADE ATUAL, BASEADA NO DINAMISMO DIGITAL. HOJE, A MAIOR PARTE DAS NOSSAS COMUNICAÇÕES SÃO ELETRÔNICAS, O QUE IMPLICA QUE NÓS TAMBÉM DEVEMOS DEIXAR VELHOS PARADIGMAS PARA TRÁS E AJUSTAR O NOSSO CHIP MENTAL.

NO SÉCULO XXI, QUEM SOUBER USAR OS DADOS DE MANEIRA ADEQUADA GOZARÁ DE ABUNDÂNCIA. ANTES, O PETRÓLEO ERA CONHECIDO COMO O NOVO OURO E O CHAMAVAM DE "OURO NEGRO". NÃO DEMOROU MUITO PARA QUE OS NOVOS OUROS FOSSEM O CONHECIMENTO E A INFORMAÇÃO. PORTANTO, AS PESSOAS QUE SE INSTRUÍREM E APRENDEREM POR SEUS PRÓPRIOS MEIOS E RECURSOS TERÃO ACESSO AO GRANDE BANQUETE ECONÔMICO DIGITAL.

MAIS DETALHES

TORNE-SE AUTODIDATA

Existe um grande conhecimento que está disponível para todos. Trata-se da internet e de seu mundo de informação, que estão revolucionando a sociedade e a economia. Não podemos ser apenas espectadores, é necessário embarcar neste grande progresso que se apresenta diante de nós.

O mais importante é que você "aprenda a aprender", isto é, você deve ser consciente de como aprende e de como pode desenvolver um método de estudos eficaz para o seu benefício. Por exemplo, devemos cultivar o nosso senso crítico e saber como interpretar as opiniões. No meu caso, utilizo muitos diagramas ou esquemas que facilitam o meu aprendizado. Graças ao fato de que o cérebro os compreende com facilidade, posso entender e reter muita informação por períodos prolongados. Meu método é simples: leio, interpreto, reflito, teorizo, experimento e faço um diagrama. Muita gente me pergunta como consegui milhares de seguidores na minha fan page, e eu respondo que em grande medida foi por simplificar o conhecimento, o mesmo que está lá fora à sua espera. Sempre gostei de explicar os conceitos através de diagramas que favorecem o aprendizado. Penso que é disso que se trata. Se você aprender a aprender,

NÃO PODEMOS SER APENAS ESPECTADORES, É NECESSÁRIO EMBARCAR NESTE GRANDE PROGRESSO QUE SE APRESENTA DIANTE DE NÓS.

se adaptará rapidamente a esta nova era. Os autodidatas sabem que a riqueza mental é portátil, que não tem muros nem fronteiras e é uma companheira fiel nos momentos de crise.

No futuro imediato, quem solucionar problemas com eficiência e gerar valor e experiências poderá competir nas grandes ligas da economia. Isso nos leva a compreender que não existem rivais pequenos, seja um pequeno empreendedor, uma empresa que ninguém conhece ou um assalariado que trabalha em um escritório.

Com isso, não quero dizer que as escolas não tenham valor. Elas têm, e muito, mas, se você aspira a grandes conquistas, também terá que educar a si mesmo por sua conta. Nesse sentido, com certeza você ficou sabendo que muitas pessoas que viveram com abundância e sucesso não tiveram títulos universitários. Compartilho alguns nomes:

- Henry Ford, reconhecido fundador da Ford Motors Company. Todo um legado.

- Walt Disney abandonou os estudos aos dezesseis anos, e atualmente a empresa que leva seu nome gera rendas da ordem dos 35 bilhões de dólares.

- Steve Jobs, fundador da Apple, deixou os estudos depois de cursar apenas um semestre universitário.

- Bill Gates abandonou a universidade e em pouco tempo se tornou um dos homens mais ricos do mundo com sua empresa Microsoft, que gera 51 bilhões de dólares por ano.

- Mark Zuckerberg, criador do Facebook, não terminou seus estudos em Harvard.

- Tiger Woods, o famoso golfista, tornou-se o jogador mais bem pago da história desse esporte.

Que perfil apresentam os autodidatas do século XXI? São pessoas que encontram muito prazer em aprender por conta própria, não se contentam com o que lhes dizem, fazem várias perguntas de qualquer ordem e questionam tudo. Além disso, possuem uma mente aberta e sem preconceitos; se outra pessoa chega com uma ideia diferente, eles a escutam sem se fechar. Têm clareza de seus objetivos, apresentam uma grande automotivação e, graças ao fato de planejarem seu sucesso, sabem em que lugar estão e qual é o melhor caminho para chegar do ponto A ao ponto B.
Se você se levanta pela manhã dizendo: "Vamos ver o que o destino me reserva para hoje", tenha certeza de

que este não é o caminho. Você cria a sua vida desde o momento em que se levanta; portanto, faça que as coisas aconteçam com otimismo e perseverança. Se quiser abundância econômica, mas não estiver claro o que é que deseja nem tiver um mapa escrito, será mais fácil que você se perca no dia a dia.

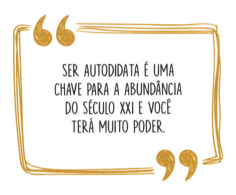

> SER AUTODIDATA É UMA CHAVE PARA A ABUNDÂNCIA DO SÉCULO XXI E VOCÊ TERÁ MUITO PODER.

CRIE HÁBITOS MILIONÁRIOS

Os hábitos são tão poderosos que podem mudar as nossas vidas para melhor. Mas também podem destruí-las. Os hábitos milionários requerem um profundo convencimento, que você não engane a si mesmo e que passe à ação constantemente, a fim de se tornar essa pessoa extraordinária que sempre sonhou ser. Com isto, também me refiro às atividades de valor que você cultiva todos os dias, já que são a base da pessoa que você será num futuro cada vez mais próximo.

A prática diária é a que cria o hábito na pessoa. Por exemplo, se você quiser se destacar como esportista, deverá treinar com frequência, alimentar-se de maneira saudável, descansar bem e não consumir substâncias que prejudiquem o seu corpo. O mesmo acontece com as pessoas que têm grandes aspirações: elas têm metas e objetivos muito claros e vão descobrindo quais atividades devem realizar para conseguir o que querem na vida. A seguir, detalho os principais hábitos das pessoas que constroem sua abundância, para que você possa aplicá-los.

> SE VOCÊ APRENDER A APRENDER, SE ADAPTARÁ RAPIDAMENTE A ESTA NOVA ERA.

- **INVESTEM EM SI MESMAS E EM SEU DESENVOLVIMENTO PESSOAL.** Isto é, ocupam-se de seu processo de transformação, buscam mudar suas crenças e praticam novos comportamentos e atitudes para melhorar sua qualidade de vida. As sessões de coaching pessoal ajudam bastante nesse processo.

- **EDIFICAM UM SISTEMA IMUNOLÓGICO FINANCEIRO FORTE, PORQUE NUTREM SUA MENTE.** É como se tivessem defesas naturais contra os problemas financeiros.

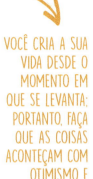

VOCÊ CRIA A SUA VIDA DESDE O MOMENTO EM QUE SE LEVANTA; PORTANTO, FAÇA QUE AS COISAS ACONTEÇAM COM OTIMISMO E PERSEVERANÇA.

Não caem facilmente em tentações que coloquem sua economia em risco, como gastar de maneira compulsiva, graças à sua educação financeira. Dessa maneira nutriram sua mente.

- **DESENVOLVEM OS SEUS TALENTOS.** Por isso são criativas na hora de gerar oportunidades.

- **ESTIMULAM UMA LINGUAGEM DE ABUNDÂNCIA.** Isso inclui os pensamentos positivos, sem dar ouvidos a nenhuma voz negativa que queira sabotá-las.

- **PREPARAM-SE PARA ADMINISTRAR GRANDES SOMAS DE DINHEIRO.** Aprenderam a lidar com a energia que emana dele. A princípio, essa energia é essencial para a circulação da riqueza e provém do valor que a humanidade lhe dá e do que podemos adquirir com o dinheiro. É preciso entender que ele não passa de papel-moeda, e que é uma ferramenta. No fundo, você é maior. No entanto, devemos vigiar os nossos pensamentos quando temos dinheiro, porque você pode fazer da sua vida um paraíso ou um inferno. A energia do dinheiro deve ser tratada com respeito, admiração, amor e boas-vindas.

- **SÃO COLECIONADORAS DE ATIVOS.** Geram um fluxo de dinheiro para que o dinheiro trabalhe para elas. Por exemplo, a cobrança do aluguel de uma casa, depósito, apartamento, salão comercial etc.

- **APROVEITAM O ESFORÇO COLETIVO.** Por exemplo, por trás do livro que você tem nas mãos há uma equipe de apoio que cuida da edição, da diagramação e de outros detalhes importantes. Quando todos os envolvidos unem seus esforços, o impacto é maior. O esforço coletivo sempre ultrapassará os cem por cento do meu próprio esforço. Se você entender isso, poderá aproveitar a sabedoria das pessoas e dar um grande benefício aos seus negócios. O sistema flui e, no final, você obtém um resultado de maior qualidade.

- **DESENVOLVEM UM ORÇAMENTO.** Veem-no como uma ferramenta para ganhar dinheiro.

- **POUPAM E INVESTEM.** Sabem como correr riscos calculados. Quando as condições são incertas, é necessário avaliar as consequências e planificar os resultados esperados, a fim de tomar as melhores decisões e minimizar os riscos. Também é necessário reunir a maior quantidade de informação possível e estimular um debate saudável em sua equipe.

- **CERCAM-SE DE PESSOAS COM MENTALIDADE MILIONÁRIA E INTERAGEM COM ELAS.** É essencial estar vinculado com pessoas que persigam objetivos parecidos e contem com uma mente positiva.

A ENERGIA DO DINHEIRO DEVE SER TRATADA COM RESPEITO, ADMIRAÇÃO, AMOR E BOAS-VINDAS.

Uma das chaves para ter abundância é formar um círculo de apoio, o qual consiste em conhecer pessoas novas e fomentar as boas relações, procurando ter conversas produtivas que nutram a sua mente e enriqueçam as suas capacidades. Você pode organizar um grupo desse tipo ou pesquisar se existe algum clube de leitura na sua comunidade ou pela internet. Nas feiras de empreendimento, constroem-se boas amizades e contatos. Em casa, você pode organizar o dia da "mentalidade milionária" com pessoas com interesses afins aos seus, para intercambiar materiais, livros, filmes e falar de assuntos do seu interesse. Essas reuniões costumam ser muito proveitosas, só é preciso ter compromisso e vontade de querer uma mudança radical na sua vida. Assim como muitos se reúnem para ver futebol, você pode fazer uma reunião para modificar a sua mentalidade e trocar ideias. É algo sumamente poderoso.

"CONSTRUIR UMA RIQUEZA GERACIONAL REQUER BONS HÁBITOS MILIONÁRIOS E UM ECOSSISTEMA EM EXPANSÃO."

MONTE SISTEMAS

A criação de sistemas começa com planejar, organizar, dirigir e controlar todas as partes e processos que intervêm no cumprimento e bom funcionamento dos objetivos de qualquer organização. É como o nosso corpo: é um grande sistema e, ao mesmo tempo, cada órgão é independente e cumpre uma função, sem deixar de estar intimamente relacionado com outros órgãos. Se o seu rim não está em perfeitas condições, afetará o seu sistema (corpo), não trabalhará a cem por cento nem será eficiente.

Se, em sua organização, você contar com manuais para cada departamento e que também incluam os papéis e as responsabilidades de cada unidade administrativa, terá assentado as bases para o bom funcionamento do sistema da sua empresa. Como você terá percebido, eles servem como ==guias e diretrizes== para que tudo flua da melhor maneira possível.

Muitas pessoas cometem o erro de não ter por escrito os papéis, as funções e a finalidade de cada departamento de sua empresa. Logo, quando as pessoas chegam, não sabem para que estão aí, e tampouco têm claros quais são seus objetivos. Assim se origina a desordem: as pessoas começam a culpar umas às outras e a se esquivar de responsabilidades, e tudo isso costuma causar o fracasso de milhares de empresas e empreendimentos. Você pode implementar esses manuais no nível operacional ou inclusive gerencial, já que, quanto mais específicos forem, melhores serão os resultados. Se você é empresário ou futuro empreendedor, sempre pense que a criação de sistemas se parece com o seu corpo, pois cada parte e órgão cumpre um papel que lhe permite funcionar perfeitamente. **Leve essa imagem aos seus negócios** e você realizará grandes coisas. Tudo tem uma ordem, e isso é algo que você pode comprovar na própria natureza.

> CRIAR UMA VIDA EXTRAORDINÁRIA DEPENDE DE VOCÊ, E NÃO DE TERCEIROS.

UMA HISTÓRIA PARA CONTAR

Aos meus vinte anos, eu me encontrava na cidade de Des Moines, em Iowa, nos Estados Unidos. Trabalhava em um clube privado de classe alta, onde os sócios participavam de eventos e reuniões. Eu era o ajudante do barman.

Esse foi o meu início no mundo laboral, enquanto decidia que carreira estudar e refletia sobre o que ia fazer da vida. Lembro com entusiasmo como, a cada noite, eu escutava as grandes histórias daqueles homens de negócios, uns já aposentados e outros desenvolvendo grandes projetos.

Do 31º andar, onde ficava o clube, podia-se ver a cidade coberta de neve em seu máximo esplendor, graças às janelas enormes, do chão ao teto, que decoravam aquele lugar majestoso. Além disso, respirava-se um ambiente agradável pela música de jazz que costumava ser tocada para aqueles homens vestidos de smoking.

Certa noite, um homem de uns sessenta anos sentou-se ao balcão do clube. Ele me cumprimentou muito simpático e eu o cumprimentei perguntando:

— O senhor está bem? Posso ajudar em algo?

Ele me respondeu:

— Estou muito bem, é que simplesmente andei refletindo sobre quão afortunado fui na vida, tenho muito mais do que necessito e acho que é o momento de me retirar dos meus negócios, pois durante muitos anos eu me dediquei ao desenvolvimento imobiliário com muito sucesso.

Fiquei em silêncio por um instante para não interromper aqueles pensamentos, mas, sendo um jovem intrépido, fui tomado pela curiosidade e não podia perder a chance de lhe fazer algumas perguntas.

O salão já estava vazio e era o momento adequado. Então indaguei:

— A que o senhor atribui o seu sucesso?

Ele me respondeu:

— À criação de sistemas. É preciso fazer que cada parte do seu negócio trabalhe de maneira automática e com as ferramentas adequadas para que o sistema não estagne. Se você, por exemplo, está de férias, o sistema deve estar operando de forma natural, levando dinheiro para o seu bolso. As pessoas devem parar de pensar em ganhar um milhão de dólares e começar a pensar em ajudar a um milhão de pessoas, já que isso é o que lhes dará o dinheiro.

Como jovem inexperiente, eu não entendi suas palavras, mas elas sempre ecoaram em mim, e as mantive presentes. Dias depois daquela conversa, eu fiquei sabendo pelo chef do clube, que aquele homem era um grande milionário da região e que era o dono do edifício onde ficava o estabelecimento.

Passaram os anos, e, em minha carreira como administrador de empresas e consultor de negócios, estudei tudo relacionado com os sistemas e a boa gestão de um processo administrativo (planejamento, organização, direção e controle), que são os pilares fundamentais para uma administração bem-sucedida.

Também percebi, graças ao fato de ter me cercado de gente mais inteligente do que eu, que as pessoas de sucesso têm uma visão de longo prazo, o que lhes permite ter sistemas mais maduros e equilibrados no tempo. Se um investidor, por exemplo, compra um pedaço de terra para um projeto imobiliário, não busca obter grandes rendimentos de imediato, ainda que os ganhe desde o momento da compra. Sabe que as rendas residuais (as que reportam um fluxo contínuo de ganhos pelo trabalho bem realizado uma única vez) virão com o tempo de maneira sistemática, e a mais-valia da área (o aumento do valor natural do imóvel) jogará a seu favor. Cerque-se de pessoas com mentalidade milionária e você aprenderá com a sabedoria delas para administrar e multiplicar o dinheiro.

GERE ABUNDÂNCIA

Realize os seguintes exercícios para praticar como gerar sistemas.

1. **Em uma folha, descreva a missão e a visão da sua empresa ou pessoa.**

   A missão é a razão de ser da sua empresa ou empreendimento, e a visão é como a sua organização será vista daqui a três ou cinco anos. Esta descrição é fundamental para criar bons sistemas administrativos.

2. **Desenvolva e escreva a função de cada departamento ou unidade da sua empresa, e atribua uma meta e um objetivo a eles.**

   Depois, desenvolva os papéis e funções de cada pessoa dentro dessa unidade, assim como suas metas e objetivos a cumprir. Estes devem ser claros, mensuráveis e quantificáveis.

QUER CONHECER UM SEGREDO?

CONTAR COM UMA VISÃO CLARA DA SUA EMPRESA E DA SUA PESSOA, SUSTENTADA NO PLANEJAMENTO DO SEU SUCESSO, LHE DARÁ AS BASES PARA CRIAR GRANDES EMPRESAS. NÃO SÓ PARA ACUMULAR, COMO TAMBÉM PARA CRIAR UM LEGADO COM PROPÓSITO. E, CASO VOCÊ SEJA ASSALARIADO, LHE DARÁ AS BASES PARA SER O MELHOR NAQUILO QUE FAZ.

RESUMO

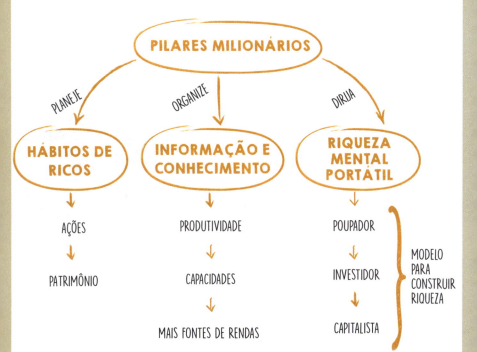

CAPÍTULO 9

PROSPERIDADE NA VIDA A DOIS

1 + 1 ⇒

O DINHEIRO NA VIDA A DOIS É UM TEMA MUITO MAIS IMPORTANTE DO QUE PENSAMOS. DESDE O NOIVADO, MUITOS CASAIS SE LIMITAM A CONVERSAR SOBRE O ASSUNTO APENAS DE MANEIRA SUPERFICIAL, OU ENTÃO ESSA CONVERSA SIMPLESMENTE NÃO OCORRE. NESSE SENTIDO, A PARTE CULTURAL EXERCE UM PAPEL FUNDAMENTAL, JÁ QUE, DEVIDO À ESTRUTURA TRADICIONAL DE PAPÉIS, RECAI SOBRE O HOMEM A MAIOR RESPONSABILIDADE PARA LEVAR O SUSTENTO. NO ENTANTO, A GRANDE PARTICIPAÇÃO DA MULHER NA VIDA ECONÔMICA PROPICIOU QUE ISSO MUDE. SE VOCÊ CONVERSAR COM SEU CÔNJUGE SOBRE O ASSUNTO E CHEGAR A BONS ACORDOS, EVITARÁ PROBLEMAS E RESSENTIMENTOS FUTUROS RELACIONADOS COM O DINHEIRO. ESTE NÃO DEVE SER UM OBSTÁCULO PARA O AMOR, E SIM PARTE DA ESTRATÉGIA DO CASAL PARA QUE AMBOS CUMPRAM SEUS OBJETIVOS E METAS MAIS DEPRESSA E DE MELHOR MANEIRA. A CHAVE ESTÁ EM ENCONTRAR ACORDOS E, SOBRETUDO, ESTABELECER METAS ELEVADAS.

DIGA-ME COMO ESTÃO AS SUAS FINANÇAS E EU LHE DIREI COMO ESTÁ O SEU RELACIONAMENTO

Alguma vez você discutiu com seu cônjuge por assuntos financeiros e isso acabou em uma crise? Se as finanças do casal não estão em ordem, o relacionamento tampouco estará. Em minhas sessões de trabalho com casais, o primeiro passo é levá-los a ver que cada um vem de uma família diferente e traz um DNA monetário diferente. Isto é, cada um entende o dinheiro de maneira distinta. Quando ambos compreendem isso, é mais fácil abrir a conversa para que exponham os seus pontos de vista e cheguem a novos acordos. A parte cultural condiciona como se relacionam com o dinheiro e me dá a pauta para conhecer e entender melhor cada pessoa nessas sessões.

Nenhum dos dois deve atribuir a si mesmo um papel de poder no qual a outra parte se sinta controlada e sem valor. Não é porque seja você quem gera mais dinheiro que tem de assumir o ==papel de forte e dominante==, nem quem tem a última palavra nas decisões importantes, menosprezando a outra parte. Ambos exercem um papel transcendental na relação, têm o mesmo peso e são parte importante da engrenagem econômica do lar. Se um trabalha e o outro não, deve-se entender que são uma equipe, e que ambos são importantes e necessários para construir um vínculo forte no lar e nas finanças. Quem fica em casa colabora com as atividades domésticas, as quais são muito importantes para sua estabilidade, enquanto a outra parte tem um peso forte para cumprir as metas financeiras, sem que isso seja motivo para que se perca a individualidade de cada membro. É preciso implementar estratégias financeiras (plano de aposentadoria, poupança, investimentos, seguros de vida, fundo de emergência) para que o dinheiro se transforme em uma ferramenta de crescimento para suas metas a dois.

As decisões econômicas devem ser tomadas juntos e não devem violentar a estabilidade da outra parte; isto é, ambos têm que estar de acordo para que cada parte se sinta tranquila e sem ressentimentos. Vocês podem ter perfis diferentes com relação ao dinheiro; talvez um seja melhor administrador do que o outro, talvez nenhum dos dois o seja ou, no melhor dos casos, ambos sejam bons para administrá-lo. Daí a importância da comunicação, de ter metas em comum e de respeitar a individualidade de cada parte, além de se nutrir financeiramente em conjunto. Vocês podem assistir a seminários ou oficinas de educação financeira, juntos ou separados, mas é importante que haja um

> SE VOCÊ CONVERSAR COM SEU CÔNJUGE SOBRE O ASSUNTO E CHEGAR A BONS ACORDOS, EVITARÁ PROBLEMAS E RESSENTIMENTOS FUTUROS RELACIONADOS COM O DINHEIRO.

SE AS FINANÇAS DO CASAL NÃO ESTÃO EM ORDEM, O RELACIONAMENTO TAMPOUCO ESTARÁ.

compromisso das duas partes e boa comunicação. Porque, se esse diálogo não existe, as probabilidades de desencadear problemas por esses motivos aumentam. As finanças a dois são similares às metas de qualquer empresa. É necessário desenvolver uma missão e uma visão, além de objetivos claros e estratégias em conjunto. E não falo somente de um matrimônio: isso se aplica também ao noivado ou se vivem juntos sem estar casados. E mais, se você não está em um relacionamento, será de grande utilidade considerar isso quando estiver.

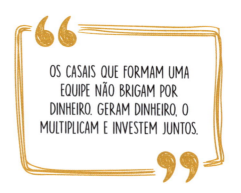

OS CASAIS QUE FORMAM UMA EQUIPE NÃO BRIGAM POR DINHEIRO. GERAM DINHEIRO, O MULTIPLICAM E INVESTEM JUNTOS.

CASAIS COM INTELIGÊNCIA FINANCEIRA

Se soubessem o poder de um casal com inteligência financeira, se dedicariam a estudar e a criar as estratégias necessárias para realizar seus sonhos. Quando você tem um parceiro com essa inteligência, ambos chegam a conquistar sonhos muito mais rápido, porque estimulam, apoiam e motivam um ao outro. A seguir, compartilho alguns pontos fundamentais para que vocês possam ter um panorama mais concreto a respeito.

- Falem de quanto dinheiro e bens materiais querem ter juntos. A boa comunicação financeira torna uma equipe mais forte e produtiva.

- Exponham quanto estão dispostos a fazer e a sacrificar para alcançar o que desejam. Por exemplo, se querem fazer um cruzeiro, definam que quantia destinarão e por quanto tempo, se em vez de sair para jantar quatro vezes por mês sairão apenas uma. É melhor se incomodar durante um ano do que estar incomodados a vida inteira.

- Elaborem um orçamento a dois para saber em que gastar, como e quando fazer isso.

- Tenham um lugar específico para juntar as notas, pagamentos ou recibos dos seus gastos. Quanto mais ordenados e detalhados, melhor. Assim terão seu orçamento em dia.

AS FINANÇAS A DOIS SÃO SIMILARES ÀS METAS DE QUALQUER EMPRESA. É NECESSÁRIO DESENVOLVER UMA MISSÃO E UMA VISÃO, ALÉM DE OBJETIVOS CLAROS E ESTRATÉGIAS EM CONJUNTO.

- Não utilizem o dinheiro como um instrumento de poder em sua relação. Se você ganha mais do que seu cônjuge, isso não o torna superior.

- Tenham uma conta conjunta e, por sua vez, que cada membro tenha seu próprio fundo de poupança para respeitar sua individualidade, assim como seu direito de gastar no que lhe agrada e da maneira que preferir. Se um trabalha fora e o outro não, é preciso entender que quem fica em casa deverá realizar as atividades domésticas, e isso também é trabalho. Alguns casais atribuem um valor monetário e remuneram o que fica em casa. O importante é chegar a um acordo.

- Não gastem o dinheiro da conta conjunta sem antes consultar seu companheiro.

- Definam quem fará a administração ou se ambos terão a mesma ingerência.

- Falem de quanto ganha cada um, qual a contribuição que farão em cada gasto, quanto destinarão para a poupança e quais as suas metas econômicas no futuro.

- Programem algumas horas por semana para falar exclusivamente do tema financeiro. O lugar tem que ser tranquilo, sem crianças, sem terceiros, e em um clima de confiança e cumplicidade.

- ==Preparem um fundo de emergência. Isso os ajudará a superar os maus momentos econômicos e evitará discussões pelos possíveis imprevistos. Se um dos dois ficar sem trabalho, com o fundo vocês terão tranquilidade e estabilidade.==

- Preparem um plano de poupança, definam quantias e em que vão investir.

- Falem sobre que coisas positivas e negativas o outro tem com relação ao dinheiro e cheguem a novos acordos sobre as formas de administrá-lo.

- Jamais se refira a seu parceiro com frases desqualificativas. Por exemplo: "Você não consegue administrar o dinheiro"; "Você é incapaz de fazer uma planilha de gastos"; "Você não sabe nem quanto ganha".

Se ambos têm um emprego, será muito mais fácil ter liberdade financeira, mas, se esse não é o caso, uma boa opção é que quem fica em casa busque conciliar com uma atividade que consiga monetizá-la. Se fizer isso, terá de estabelecer regras e cumpri-las, como se estivesse em um escritório. Trabalhar de casa não quer dizer que você passará o dia todo jogado na cama. Tenha uma atitude criativa e foque seus esforços em tirar proveito do que você sabe fazer. No meu caso, gerei dinheiro de casa com uma conexão à internet, dando assessorias por videoconferência em assuntos de planejamento financeiro, planos de negócios, finanças pessoais, entre outros. Os casais que dialogam sobre as suas finanças produzem dinheiro e oportunidades todos os dias do ano, e não apenas por uma noite ou para ficar bem na hora de conquistar o outro. Não importa se seu companheiro não tem dinheiro no início, o que importa é que seja mentalmente rico, isto é, que tenha a mesma ambição e esteja em sintonia com você, com as suas aspirações materiais e econômicas, porque dessa maneira obterá os recursos e gerará o necessário para construir seu lar. O orçamento a dois deve ter flexibilidade; não deve ser visto como algo restritivo. É uma grande ferramenta para realizar seus sonhos. É completamente válido, por exemplo, que cada um deseje uma coisa diferente. Tudo é possível, contanto que exista uma relação ganha-ganha na qual ambos fiquem satisfeitos. Lembre-se de que as mentes milionárias sabem negociar (e fazem isso muito bem).

> FALEM DE QUANTO GANHA CADA UM, QUAL A CONTRIBUIÇÃO QUE FARÃO EM CADA GASTO, QUANTO DESTINARÃO PARA A POUPANÇA E QUAIS AS SUAS METAS ECONÔMICAS NO FUTURO.

> **UM CASAL QUE FORMA UMA EQUIPE É COMO UMA SEMENTE EM TERRA FÉRTIL QUE DÁ GRANDES FRUTOS NA COLHEITA. EM UM CASAL ASSIM, O DINHEIRO NÃO QUEIMA EM SUAS MÃOS.**

O DINHEIRO: O TERCEIRO NA DISCÓRDIA

Para que possa existir harmonia financeira no lar, é necessário ter os canais de comunicação adequados. A boa comunicação é um pilar fundamental para alcançar a liberdade financeira a dois, pois mantém um ambiente de confiança e evita que você caia na deslealdade financeira. Esse conceito quer dizer mentir e ocultar nossas informações financeiras ao cônjuge. Em outras palavras, é expressar meias verdades a respeito de créditos e dívidas, não compartilhar se somos avalistas para algum terceiro, se pegamos dinheiro emprestado para um negócio sem consultá-lo e tudo o que possa colocar em risco o patrimônio do casal. Agora, no que concerne ao fundo de poupança individual, cada um é responsável por como e em que gasta o seu dinheiro, porque temos liberdade, e isso deve ser respeitado.

Às vezes a mulher ganha mais do que o homem, e isso constitui um problema para muitos. Devido a uma questão cultural que dita que o homem deve ser o provedor, ele assume que deve ganhar mais. É necessário deixar os preconceitos para trás, além de ter uma ==comunicação aberta e empática==, para podermos nos liberar do orgulho de nossos egos. É difícil que os dois ganhem o mesmo, e o fato de um ganhar mais do que o outro não tem que ser um impedimento

O ORÇAMENTO A DOIS DEVE TER FLEXIBILIDADE; NÃO DEVE SER VISTO COMO ALGO RESTRITIVO. É UMA GRANDE FERRAMENTA PARA REALIZAR OS SEUS SONHOS.

para que exista igualdade no casal. Em minhas sessões com clientes, eu geralmente digo que o dinheiro de ambos vale o mesmo e ajuda de igual maneira, ainda que um ganhe menos. O dinheiro não deveria ser um aspecto de competição, e sim de colaboração entre ambos. Em uma conversa com uma cliente, ela comentou que o marido se negava a realizar os ajustes necessários para melhorar suas finanças e sair das dívidas. Ela estava realmente desesperada para encontrar a solução para seu problema, então eu lhe disse que algo que costuma funcionar é focar nos benefícios dos ajustes, e que era conveniente que ela indicasse ao esposo a vantagem que ele poderia obter se implementasse as mudanças. Se esse também é o seu caso, pode comentar com seu parceiro, por exemplo, que ele poderá comprar aquela roupa ou objeto que tanto o agrada, e assim ele mostrará interesse.

O dinheiro costuma ser o terceiro na discórdia e um causador de muitos problemas, inclusive quando os casais já estão divorciados, já que, se há filhos, a questão financeira tende a causar complicações caso eles nunca tenham estabelecido uma comunicação saudável nem respeitosa. Para os casais divorciados e com filhos, é muito saudável que tenham acordos e regras a respeito do dinheiro para não criar ansiedade nem culpa nos menores. Os filhos não são mensageiros, tampouco depósitos de informação negativa dos pais. Recomendo manter linhas de comunicação abertas sobre o dinheiro destinado a cobrir os gastos e as necessidades dos filhos. Muitos pais tratam de se vingar dos ex-cônjuges reduzindo a pensão mensal, e isso só piora as coisas. É melhor que o seu filho saiba que você sempre está aí apoiando, e não limitando a estabilidade emocional dele.

==Quando o casal entra em um acordo financeiramente, torna-se mais forte.== Todos os dias, a vida nos concede 24 horas para viver; cabe a você decidir como investir esse tempo e de que forma contribuir para gerar relações positivas e estar em harmonia. Deixe-me dizer algo fundamental: se você sempre buscar o benefício coletivo, seja para a sua família, seja para seu cônjuge, obterá também o seu bem-estar individual. Deixemos de brigar por dinheiro. A ideia central não é ter sempre razão, e sim viver uma vida incrível com quem amamos.

> SE A CONFIANÇA E A COMUNICAÇÃO SE QUEBRAM, CAI-SE NA DESLEALDADE FINANCEIRA.

UMA HISTÓRIA PARA CONTAR

Paty e Fernando se casaram muito apaixonados. Planejaram a festa de casamento durante um ano. Cada um tinha suas próprias economias, graças às respectivas profissões. O problema chegou quando começaram a viver juntos. Antes do casamento, eles não haviam se sentado para conversar sobre dinheiro, situação que não tardou em explodir.

Fernando carregava uma dívida importante por causa de um empréstimo bancário que obteve cinco anos antes, para um negócio no qual não teve sucesso. Paty não sabia disso, e mês a mês sofria um enorme desgaste emocional, já que, de uma forma ou de outra, a dívida dele repercutia na economia de ambos.

Fernando, por sua vez, não havia se dado conta do perfil consumista da esposa. Ela tinha o hábito de visitar as lojas em liquidação sistematicamente no dia do pagamento. Muitas de suas compras eram impulsivas e ela sempre batalhava para cobrir suas prestações.

Em resumo, como o casal não havia se sentado para planejar suas finanças, quando chegaram os gastos com o financiamento da casa, os carros de luxo e as viagens de férias, tudo desandou. Estava claro que eles tinham um descontrole financeiro. As dívidas mensais os consumiam e, embora houvesse muito amor entre os dois, a relação começou a se deteriorar, já que eles se encontravam imersos em um círculo vicioso. Por fim, as brigas levaram o casal a um lamentável divórcio.

Muitos casais apaixonados terminam se separando por causa do dinheiro. O namoro às vezes é como uma lua de mel que não lhes permite ver a vida real. Quantos casos existem de famílias que se encontravam bem economicamente, mas quando, de súbito, perderam seu sustento devido a uma demissão, o casamento desmoronou? Ninguém tem nada garantido nesta vida, mas o que serve para diminuir os riscos que surgem após uma demissão ou alguma eventualidade futura é dar-se conta a tempo de que, como casal, ambos podem desenvolver uma mentalidade milionária.

GERE ABUNDÂNCIA

Responda às seguintes perguntas com seu companheiro e anote as respostas em seu caderno.

1. Em quantas formas diferentes de gerar renda vocês conseguem pensar?

2. Que tipo de relação vocês têm com o dinheiro como casal, e o que o dinheiro simboliza para vocês?
   Por exemplo, se têm uma relação de apoio, competição, indiferença, cumplicidade.

3. Como vocês se propuseram aprender a administrar sua renda?
   Por exemplo, se ambos estão dispostos a se educar em assuntos financeiros, participar de oficinas de crescimento a dois, aprender a elaborar orçamentos etc.

4. Quais são suas motivações e aspirações como casal nas esferas econômica, laboral e familiar?

5. Você sabe quanto o seu companheiro ganha exatamente?

6. Em termos econômicos, como vocês se veem como casal daqui a cinco anos?

QUER CONHECER UM SEGREDO?

SE VOCÊ TEM ALGUÉM COM MENTALIDADE MILIONÁRIA AO SEU LADO, TEM ENORMES POSSIBILIDADES DE CRIAR O SEU PRÓPRIO IMPÉRIO. NADA MAIS GRATIFICANTE DO QUE GERAR ABUNDÂNCIA JUNTOS. POIS É UM SINÔNIMO DE CONFIANÇA E ESTABILIDADE QUE SEU PARCEIRO SEJA NÃO A PEDRA QUE O IMPEDE DE VOAR, E SIM AS ASAS QUE VOCÊ NECESSITA.

RESUMO

OS CASAIS PRÓSPEROS

- TÊM E DESENVOLVEM UMA COMUNICAÇÃO MOTIVADORA.
- NÃO TÊM PAPÉIS DE PODER; AMBOS EXERCEM UM PAPEL IMPORTANTE NAS FINANÇAS DO LAR.
- TÊM UMA MISSÃO E VISÃO CLARA E EM CONJUNTO.
- NÃO OCULTAM INFORMAÇÃO FINANCEIRA UM DO OUTRO.
- IMPLEMENTAM ESTRATÉGIAS FINANCEIRAS EM CONJUNTO, COMO: PLANO DE APOSENTADORIA, PLANO DE POUPANÇA, PLANO DE INVESTIMENTOS, SEGUROS DE VIDA, FUNDO DE EMERGÊNCIA.

CAPÍTULO 10

PADRÕES DE COMPORTAMENTO FINANCEIRO

HÁ JUÍZOS DA SOCIEDADE QUE NOS LIMITAM, ASSIM COMO MUITAS INFORMAÇÕES QUE TRAZEMOS EM NOSSO DISCO RÍGIDO MENTAL QUE PODEM NOS COIBIR. NÓS, SERES HUMANOS, RECEBEMOS UMA HERANÇA EMOCIONAL E CULTURAL QUE INFLUI EM NOSSOS PENSAMENTOS QUANTO A SE PODEMOS GERAR RIQUEZA OU NÃO. NESSE ASPECTO, É MUITO PROVÁVEL QUE NÃO SÓ ESTEJAMOS CONDICIONADOS POR HERANÇAS SOCIAIS, COMO TAMBÉM SEJAMOS UM MOLDE DO QUE NOSSOS PAIS FORAM E POR ISSO REPETIMOS OS PADRÕES DE COMPORTAMENTO FINANCEIRO QUE VIMOS NELES. PORTANTO, SE LHE DISSERAM QUE VOCÊ ESTAVA DESTINADO À POBREZA, É POSSÍVEL QUE VOCÊ SE ESTAGNE NELA SE NÃO CONSEGUIR TIRAR ESSA IDEIA DA CABEÇA. MAS TENHO BOAS NOTÍCIAS, JÁ QUE, SE ESSAS INFORMAÇÕES HERDADAS JOGAM CONTRA NÓS, PODEMOS SANAR OS BLOQUEIOS E AS IDEIAS LIMITANTES QUE NOS IMPEDEM DE TER REALIZAÇÃO DA FORMA COMO QUEREMOS.

CONHEÇA AS SUAS FERIDAS FINANCEIRAS

Em geral, não somos verdadeiramente conscientes de como ganhamos, poupamos, investimos e gastamos o nosso dinheiro. Por conseguinte, devemos dar ênfase especial à maneira como nos relacionamos com a riqueza. Todos nós temos uma relação específica com o dinheiro. E, assim como existem feridas emocionais, também existem feridas financeiras que nos condicionam. A seguir, apresento algumas delas.

- **A FERIDA LIMITANTE.** As pessoas que apresentam esta ferida se relacionam com o dinheiro através do medo, ou então, muitas vezes, têm um sentimento de culpa a respeito. Fogem das suas responsabilidades financeiras e minimizam o dinheiro porque o consideram algo mundano.

- **A FERIDA DA DEPENDÊNCIA.** Costumam experimentá-la aqueles que tiveram muitas carências econômicas em sua infância. Por isso, tendem a buscar cônjuges endinheirados, o que dá uma sensação de segurança às suas vidas. Tendem a se ancorar no cônjuge e são muito inseguras, pois consideram que não são capazes de obter a sua própria abundância. A ferida da dependência obriga essas pessoas a pedir e a se sentir impotentes e sem saída. Podem cair em muitas fraudes e trapaças.

- **A FERIDA DO MASOQUISTA.** Aqueles que a apresentam vivem inconvenientes financeiros com muita frequência e estão decididos a se castigar por isso. Creem que merecem esses problemas econômicos porque não podem ter as coisas materiais com as quais sonham. São pessoas que costumam sonegar impostos, emitir cheques sem fundo, fazer grandes apostas e jogar por dinheiro. Além disso, não demonstram estabilidade financeira nem emocional.

- **A FERIDA DO CONTROLADOR.** Costuma ser a ferida das pessoas avarentas, já que não deixam fluir as entradas nem as saídas de dinheiro. Elas necessitam saber o que vai acontecer e são inseguras em matéria de investimentos, por menores que sejam. Temem tudo e geralmente não têm projetos a futuro nem avanços substanciais na vida. São conformistas e travam grandes batalhas para ser o centro da atenção familiar. Habitualmente provocam problemas financeiros relacionados com heranças, por não tomar decisões no momento oportuno. Permanecem em sua zona de conforto.

- **A FERIDA DO DESPREOCUPADO.** As pessoas com esta ferida apresentam uma despreocupação excessiva com relação ao dinheiro. Dão tudo para ajudar a meio mundo. Em geral, alguém lhes deve, mas elas não têm coragem de cobrar. São muito otimistas e pecam por ser flexíveis demais. Não sabem dizer não.

O primeiro passo para mudar os seus padrões de comportamento financeiro é identificar essas feridas. O segredo está na sua determinação para sanar as feridas que reconhecer, transformando-as nas vitaminas que fortaleçam o seu progresso financeiro. Todos nós podemos ter boas relações com o dinheiro e mudar comportamentos para criar novos hábitos e padrões que se sustentem ao longo do tempo. Isso é como os vícios: enquanto não reconhecer que tem um problema, você não poderá encontrar o verdadeiro caminho. Todo mundo pode sanar suas feridas.

> TODOS NÓS TEMOS UMA RELAÇÃO ESPECÍFICA COM O DINHEIRO. E, ASSIM COMO EXISTEM FERIDAS EMOCIONAIS, TAMBÉM EXISTEM FERIDAS FINANCEIRAS QUE NOS CONDICIONAM.

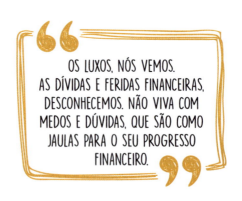

> "OS LUXOS, NÓS VEMOS. AS DÍVIDAS E FERIDAS FINANCEIRAS, DESCONHECEMOS. NÃO VIVA COM MEDOS E DÚVIDAS, QUE SÃO COMO JAULAS PARA O SEU PROGRESSO FINANCEIRO."

GANHE DINHEIRO DE MANEIRA CONSCIENTE

Ganhar dinheiro de maneira consciente implica conhecer como você poupa, gasta, investe, multiplica e doa. Quando você sabe exatamente o que acontece com o seu dinheiro, toma decisões melhores. Acredite: há pessoas que ignoram o que acontece com elas e em que gastam seu dinheiro, como se este queimasse em suas mãos. O dinheiro consciente, ao contrário, traça o caminho rumo à liberdade financeira e é gerado com felicidade. Quando você desenvolve uma situação monetária com consciência, deseja ter um mundo melhor e que os demais também aspirem a uma vida de abundância. Ser consciente do dinheiro lhe dá liberdade e sabedoria, já que sempre é preciso produzir riqueza, poupar, investir e saber gastar com inteligência.

O dinheiro consciente nos ajuda a lidar com as nossas batalhas econômicas e nos permite compreender as feridas financeiras que carregamos. ==A primeira coisa que recomendo para começar a saná-las é realizar uma "autobiografia do dinheiro" ou "a primeira memória do dinheiro".== Trata-se simplesmente de refletir em algum lugar tranquilo. Escreva num caderno se você teve más experiências com relação ao dinheiro quando era criança, se você se sentiu explorado ao não obter alguma remuneração, se queria algo em

SER CONSCIENTE DO DINHEIRO LHE DÁ LIBERDADE E SABEDORIA.

sua infância e não conseguiu, se teve que trabalhar em idade precoce porque, talvez, algum de seus progenitores faleceu, se foi rejeitado e lhe davam bem pouco dinheiro etc. O segundo passo é fazer as pazes e limpar a sua casa interior. Agradeça o que tem agora e não viva no passado e nem no futuro. Muitas pessoas querem mais e mais coisas materiais, mas isso as projeta para o futuro, e elas terminam se perdendo do presente. Isto é, investem energia demais naquilo que não têm, ou então em suas carências passadas. Agradeça por tudo o que você tem neste momento, seja na esfera material, econômica ou familiar.

O terceiro passo é ser generoso, inclusive se neste momento você tem pouco. No fundo, a mensagem que você transmite a si mesmo é que já é abundante e pode ajudar e servir aos demais. Recordemos que não se pode chegar à abundância partindo das carências e das feridas financeiras. Não se pode ter sucesso se você não for generoso e não compartilhar o que tem. Por que precisamos fazer esse exercício interior? Porque 85% das decisões que tomamos a cada dia têm a ver com a nossa carteira. Você é por fora o que é por dentro e, se está são internamente, abriga a semente da abundância. Quando você carrega feridas financeiras, quer logo o fruto. Mas cabe lembrar que, antes, a semente precisa ser semeada e a terra precisa estar pronta.

> **QUEM TRABALHA SEGUINDO SUA MISSÃO SE TORNA LIVRE, SÁBIO E CONSCIENTE. QUEM APRESENTA UMA BOA RELAÇÃO COM O DINHEIRO CONSTRÓI UM CAMINHO DE PROSPERIDADE.**

QUITE AS SUAS DÍVIDAS

Se você não vive de acordo com a sua renda, isto é, se ganha dez, mas gasta vinte, como pretende ter riqueza? Se os seus números estão no vermelho, é hora de sair dessa situação com consciência; do contrário, solucionará uma dívida e contrairá outra. Não se engane, a única forma de sair do problema é encará-lo com coragem e determinação. A seguir, ofereço uma pauta para que você faça isso de maneira consciente.

- Elabore uma lista de todas as suas dívidas. Inclua cada uma delas, da menor à maior.

- Tente negociar prazos maiores e taxas menores para cada uma delas. Se for com o banco, trate de ter um acordo por escrito para saber exatamente quando e como liquidar a dívida. Negocie uma reestruturação com mensalidades convenientes, mas não a deixe à deriva, pois isso afetará o seu crédito. Também existe a opção de um desconto para quitá-la à vista. Se não for com o banco, sempre procure o melhor caminho para uma boa negociação, mas nunca se feche ou tenha uma atitude negativa. Jamais faça falsas promessas de pagamento.

- ==Lembre-se de rever o seu orçamento para saber qual é o valor que você poderá pagar mês a mês.==
- Reduza os seus gastos enquanto estiver saindo do vermelho. Considere que não será uma situação permanente. Elimine os gastos "formiga", aqueles que, por menores que sejam, e por mais que você não os detecte de imediato, no longo prazo representam uma grande fuga para as suas finanças (cigarros, cafés matutinos, comida pronta etc.).
- Evite as soluções mágicas. Não peça mais dinheiro emprestado. É melhor você se incomodar e tratar de ser criativo ou buscar mais fontes de renda do que voltar a pedir emprestado. Não se afunde mais.
- Seja criativo. Obtenha renda adicional usando as suas capacidades. Por exemplo, durante algum tempo, quando eu tinha algumas horas livres, desenvolvia planos de negócios para empreendedores ou empresas que precisavam obter recursos ou

apresentar seus projetos a investidores. É algo que me apaixona e me remunera muito bem.

- Determine como será a sua nova relação com o dinheiro. Você pode elaborar "a minha nova relação com o dinheiro", que é uma espécie de rota rumo à prosperidade na qual você escreverá uma série de frases em uma cartolina. Quando estiver pronta, coloque-a no seu escritório ou no seu quarto, para que a veja todos os dias e reflita durante cinco minutos sobre seu conteúdo. Algumas frases de exemplo:

    a. Eu me permito viver em abundância. O dinheiro nunca me faltará, já que provém de uma fonte ilimitada.

    b. Sou valorizado, criativo, reconhecido e, portanto, me sinto com capacidade absoluta para criar prosperidade para a minha família.

    c. Não quero migalhas nem olhares piedosos. Diante de tudo, sou uma pessoa valente, capaz de criar os meus próprios recursos apoiando-me nos meus talentos.

- Use apenas dinheiro em espécie. Determine uma quantidade em espécie para gastar por mês e respeite-a. Dessa maneira, você evitará cair na tentação de passar seus cartões de crédito

SE VOCÊ NÃO VIVE DE ACORDO COM A SUA RENDA, ISTO É, SE GANHA DEZ, MAS GASTA VINTE, COMO PRETENDE TER RIQUEZA?

despreocupadamente. Pagar em espécie tem um efeito psicológico, já que você sente que gasta mais dinheiro e, por isso, tende a se conter.

- Pague em dia. Quanto mais você demorar para pagar, mais juros acumulará. Inclusive, talvez você chegue a um ponto em que a sua dívida se torne impagável.

É MELHOR VOCÊ SE INCOMODAR E TRATAR DE SER CRIATIVO OU BUSCAR MAIS FONTES DE RENDA DO QUE VOLTAR A PEDIR EMPRESTADO.

Se prestar atenção a essas pautas, você poderá se livrar das suas dívidas e entregar essa energia às pessoas ou instituições às quais deve. Afinal, uma dívida é uma energia que não é sua. Lembre-se de que fomos feitos para a grandeza, e você necessita estar livre de dívidas para viver com plenitude. Com efeito, o dinheiro não compra felicidade, mas sim o tempo para viver e fazer o que você ama. Além disso, lhe permite pagar a outros por aquilo em que você não é bom.

> AUMENTE OS SEUS CONHECIMENTOS SOBRE FINANÇAS, POIS ISSO NUNCA TERMINA, JÁ QUE É UM ESTILO DE VIDA.

UMA HISTÓRIA PARA CONTAR

Lembro que, na minha infância, eu tinha um pouco de tudo. Em casa eu via que o dinheiro fluía de uma maneira natural pela atividade que o meu pai realizava: era dono de uma casa de câmbio e de divisas junto com um irmão mais velho. Hoje entendo que o meu pai era um grande gerador de riqueza, pois possuía os princípios elementares da administração do dinheiro: reservava uma parte da sua renda, registrava as entradas e saídas, investia com sabedoria e em negócios lícitos, era prudente etc. Lembro que, quando chegava do trabalho, pegava um lápis e um papel para registrar as operações financeiras do dia e fazia as suas contas. Naquela época não existiam as planilhas de cálculo nem qualquer tecnologia que facilitasse o trabalho, e por isso ele se esmerava ao registrar os seus movimentos monetários. No entanto, ele tinha um problema profundo. Apesar de o dinheiro fluir, o meu pai não era capaz de retê-lo nem de multiplicá-lo como se deveria. Seu DNA monetário era muito particular. Meu pai pensava que o dinheiro estragava as pessoas. Inclusive, às vezes, eu o ouvia dizer: "Para que eu quero mais dinheiro, se estou bem assim e o que tenho é suficiente?". Sua relação com o dinheiro era limitante.

O pior de tudo era que eu estava repetindo o mesmo padrão herdado dele. No setor imobiliário, no qual se geram bons lucros e comissões pelos projetos, eu obtinha riqueza, mas não conseguia retê-la. Simplesmente desperdiçava o dinheiro, da mesma maneira que o meu pai fez durante sua vida, devido a padrões de comportamento adquiridos de maneira inconsciente. Mas, assim que me dediquei a estudar e aprender a sabedoria do dinheiro, pude reverter o meu DNA monetário, gerar abundância e multiplicá-la.

O dinheiro não estraga ninguém, como o meu pai pensava. Somos nós que mudamos, conforme estivermos programados. O dinheiro também não discrimina ninguém; portanto, todos temos as mesmas oportunidades de adquiri-lo. Eu o convido a analisar como está o seu DNA familiar relacionado com o dinheiro, a fim de que seja consciente de sua programação e de como ela influi na maneira como você ganha, poupa, investe e gasta.

GERE ABUNDÂNCIA

A seguir, deixo algumas perguntas para que você responda em seu caderno.

1. Com que tipo de ferida financeira você se identifica, e por quê?

2. Quanto você poupa mensalmente e a que pensa destinar esse dinheiro?

3. Qual é a sua principal motivação neste momento?

4. Você gasta por impulso ou com prudência?

5. Você paga as suas dívidas, tenta pagá-las ou simplesmente não se importa e segue em frente?

QUER CONHECER UM SEGREDO?

AS CRISES PODEM GERAR NOVOS MILIONÁRIOS. MANTENHA-SE ATENTO E TIRE PROVEITO DELAS, JÁ QUE NOS LEVAM A UM ESTADO DE CONSCIÊNCIA SUPERIOR E DESPERTAM EM NÓS MAIOR ATENÇÃO E PERFEIÇÃO ECONÔMICA. ISTO É, FACILITAM UMA MUDANÇA EM NOSSO SISTEMA FINANCEIRO PESSOAL, PORQUE NOS OBRIGAM A REFLETIR, A NOS AVALIAR E A DESENVOLVER UMA NOVA ATITUDE PARA COM AS NOSSAS FINANÇAS.

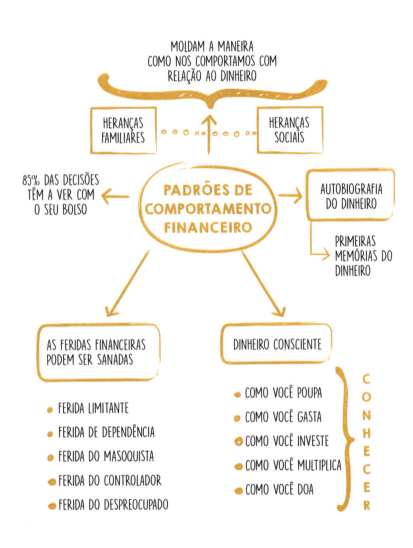

CAPÍTULO 11

AS MÁXIMAS DA MENTE MILIONÁRIA

OS PRINCÍPIOS ELEMENTARES DE UMA MENTE MILIONÁRIA NÃO MUDAM; RESSOAM E CONTINUAM VIGENTES ATRAVÉS DO TEMPO COMO FINAS MELODIAS, SEM IMPORTAR OS INCONVENIENTES QUE SE APRESENTEM. QUANDO VOCÊ SE SENTIR PERDIDO, VENHA A ESTE CAPÍTULO E NÃO ESQUEÇA ESTE RESUMO DO QUE FOI APRENDIDO. AS PESSOAS COM MENTALIDADE MILIONÁRIA VIBRAM COM UM TOM DIFERENTE. TÊM UMA ATITUDE MILIONÁRIA A CADA MOMENTO, A QUAL É CONTAGIANTE. A DIFERENÇA ENTRE UMA MENTALIDADE DE ESCASSEZ E UMA MILIONÁRIA ESTÁ PRINCIPALMENTE EM COMO CADA PESSOA ADMINISTRA E GERENCIA SEUS ESTADOS EMOCIONAIS. O INDIVÍDUO COM MENTALIDADE MILIONÁRIA NÃO TEM TEMPO PARA CRITICAR; AO CONTRÁRIO, É MUITO CRITICADO PORQUE NÃO PENSA COMO A MAIORIA DAS PESSOAS, E ISSO INCOMODA A MUITOS. UMA MENTE MILIONÁRIA É A PRIMEIRA OPÇÃO NO MERCADO, E SEU SUCESSO SE BASEIA EM AJUDAR OS DEMAIS. POSSUÍ-LA SERÁ A HABILIDADE MAIS APRECIADA DO SÉCULO XXI.

PROGRAME A SUA MENTE MILIONÁRIA

Essa mentalidade não é algo passageiro e momentâneo, e sim um estilo de vida ao qual os seres humanos devem aspirar. Aqueles que a desenvolvem levam em si mesmos um tesouro de grande valor para o mundo, pois permite que se transformem em pessoas de alto rendimento. E, nesse sentido, há certas máximas que você deve ter presentes para fomentá-las todos os dias. São elas:

1. **PENSE GRANDE.** Sua vida e o ambiente à sua volta podem ser um paraíso ou um inferno, depende do que você disser a si mesmo a respeito.

> **COMO FAÇO?**
> Sonhe com o melhor que poderia acontecer. Você pode edificar uma vida grandiosa com os seus pensamentos, a única coisa que tem que fazer é sempre pensar grande. Porque somente se você acreditar em si mesmo conquistará o sucesso, o amor, a família, as amizades ou o que for que você deseja. Acredite.

2. **ESTIPULE COM CLAREZA AONDE VOCÊ QUER CHEGAR.** Mantenha essa meta e foque a sua mente

nela com afinco, apesar da falta de energia ou das adversidades.

> **COMO FAÇO?**
> Tire uma foto mental de como você quer se ver. A melhor maneira de fazer isso é durante a noite, deitado na cama. Sinta-se importante, visualize-se realizado e imagine-se conquistando aquilo que deseja.

3. EVITE PENSAR E DIZER FRASES NEGATIVAS. Estas incluem: "Isso é um sonho que eu não poderei realizar"; "Sou um fracassado"; "O projeto é grande demais para mim"; "Não há oportunidades para mim" etc.

> **COMO FAÇO?**
> Mude a sua linguagem corporal e verifique se você tem uma postura fechada ou um rosto rígido. Sorria e corrija o que você transmite com o corpo. Procure dar-se cinco minutos de calma por dia para que possa aquietar as suas emoções de todo o ruído exterior e controlar melhor os seus pensamentos negativos. Seja receptivo e explore as suas emoções através da boa criatividade, já que é outra excelente saída para

os seus pensamentos negativos. Você também pode dar um passeio ou ir à academia.

4. NÃO SE AMEDRONTE DIANTE DE NADA. A derrota não existe, é apenas um estado mental.

COMO FAÇO?
Não abandone a luta cada vez que as coisas ficarem difíceis. Deixe de arrumar desculpas e de se vitimizar. Uma forma que ajuda muito a deixar de ser vítimas é considerar que o mundo não lhe deve nada e deixar de pensar que a vida conspira contra você. Não encare tudo como pessoal. Você pode formar o mundo que quiser. Não dê ouvidos à sua voz interior negativa. Uma atitude proativa lhe permite ter um controle melhor do que uma atitude reativa, que o torna mais vulnerável e o leva a tomar decisões tardias.

5. FOMENTE O PENSAMENTO DISRUPTIVO. A nova economia digital demanda esse tipo de pensamento que rompe com os estereótipos ou os rótulos que você vinha carregando.

> **COMO FAÇO?**
> Para propiciar esse tipo de pensamento, é necessário que questione tudo e não tome nada por certo. As alianças e a colaboração também facilitam. Criar pequenos grupos de intercâmbio pode ser o detonador que faça sua empresa e seu empreendimento crescerem, ou lhe servir para se desenvolver pessoalmente. A soma, a colaboração e a troca de ideias lhe gerarão um sistema mais inteligente e potente. Fomente um debate saudável e criativo de maneira frequente em casa, no escritório ou na empresa.

6. INVISTA NO SEU DESENVOLVIMENTO. Não poupe esforços para investir em si mesmo. As pessoas que obtêm bons resultados aprenderam de diferentes maneiras, e você não deve ser a exceção.

> **COMO FAÇO?**
> Faça cursos para aprender uma atividade que lhe interesse, assista a conferências sobre assuntos relacionados com desenvolvimento pessoal, motivação, liderança etc.

7. DEIXE DE LADO A OPINIÃO DOS DEMAIS. Preocupar-se com o que dirão é um erro recorrente. As grandes ideias não são validadas pelas pessoas, e sim pelo tempo e pelos resultados.

> **COMO FAÇO?**
> Torne-se mais seguro e aceite-se como é, porque você tem as suas próprias qualidades e os seus próprios sonhos. Elabore uma lista do que gosta em si mesmo como pessoa, e outra, das coisas que você gostaria de melhorar, pensando nos seus benefícios. Outro ponto importante é deixar de se questionar a cada passo que dá e de supor que está sendo julgado por todos. Além disso, deixe de agradar aos demais e de fingir que está de acordo somente para tentar se encaixar. Você é único e valioso.

8. CRIE OPORTUNIDADES. O sucesso depende única e exclusivamente de você e de que você se coloque em movimento. Portanto, faça acontecer. Se as oportunidades não aparecerem, você mesmo deve criar as suas.

COMO FAÇO?
Ajude os demais sem que eles peçam, porque todos nós temos problemas e necessidades. Talvez aí você encontre alguma resposta – nunca se sabe; o fato é que primeiro é necessário plantar a semente. Contate e conheça pessoas novas, porque são elas que têm o seu dinheiro. Todos nós estamos cercados de estranhos, os quais podemos influenciar e também ajudar a resolver seus assuntos. Conheça os seus objetivos e identifique suas qualidades e capacidades. As oportunidades também estão dentro de você.

9. **SORRIA.** A imaginação e o sorriso conseguem mais dinheiro do que muitos agentes de vendas com experiência.

COMO FAÇO?
Pense sempre nisto: todo problema ou situação, por pior que seja, "sempre passa". Se você se sente triste, permita que as lágrimas saiam. Nunca reprima as suas emoções, porque em algum momento as consequências negativas aparecem. Sua paz interior não é negociável. É melhor sorrir.

10. APRENDA COM OS DEMAIS. Chegar ao fundo do poço não é ruim, o ruim é permanecer lá. A vida sempre lhe estende a mão; depende de você segurá-la.

> **COMO FAÇO?**
> Busque pessoas de sucesso e você notará que a grande maioria também chegou ao fundo do poço alguma vez. Fale com pelo menos três delas, conheça suas histórias de vida e como alcançaram resultados.

CAPÍTULO 12

DIRETRIZES PRÁTICAS PARA AS SUAS FINANÇAS

FICO MUITO FELIZ QUE VOCÊ TENHA CHEGADO AO FINAL DESTE PROCESSO. NESTE CAPÍTULO, VOCÊ ENCONTRARÁ ALGUNS MÉTODOS E FORMAS QUE LHE SERÃO DE GRANDE AJUDA EM SUA VIDA FINANCEIRA. AS BOAS FINANÇAS E A MUDANÇA DE MENTALIDADE SÃO UM ESTILO DE VIDA E UM PROCESSO QUE REQUER PRÁTICA DIÁRIA. BASTA VOCÊ MUDAR OS SEUS HÁBITOS E A SUA MANEIRA DE PENSAR PARA OBTER GRANDES BENEFÍCIOS. NÃO SE ESQUEÇA DE QUE NÃO IMPORTA QUEM VOCÊ É OU A HISTÓRIA QUE TRAZ CONSIGO, SE TEM MUITO OU POUCO DINHEIRO, O PONTO É QUE QUALQUER PESSOA PODE ADQUIRIR UMA MENTALIDADE MILIONÁRIA. SEMPRE COLOQUE O MELHOR DE SI EM CADA ATIVIDADE QUE REALIZAR. QUERO QUE VOCÊ CONSTRUA O SEU PRÓPRIO IMPÉRIO E QUE DAS SUAS MÃOS SAIAM COISAS BOAS. SE FIZER FORTUNA COM O SEU PROPÓSITO, COLOQUE-A A SERVIÇO DOS DEMAIS. VOCÊ É PERFEITO, E A SUA VIDA É O PRINCIPAL PROJETO QUE VOCÊ TEM QUE ALIMENTAR HOJE E SEMPRE.

MAIS DETALHES

A POUPANÇA É O COMBUSTÍVEL

Certa vez, meu avô me disse: "A poupança é o combustível, o veículo é você e o investimento é a estrada direta e rápida rumo à cidade dos sonhos". O problema é que as pessoas creem que a poupança limita e restringe, mas é uma excelente aliada, já que constrói a disciplina, a vontade e o caráter; elementos que você necessitará para a economia desta nova era, onde se está perdendo a paciência e só se busca a gratificação imediata.

Combustível, veículo e estrada são elementos primordiais, mas a eles acrescento outro pilar fundamental: "pensamento milionário escalável", o qual consiste em ver um ecossistema global como meio de motivação, um extra para que o veículo chegue mais depressa a seu destino. Se você pensar pequeno, em uma economia onde tudo vai muito rápido, ficará estagnado em um mundo de crescimento contínuo. Terá os elementos básicos, mas lhe faltará essa ferramenta extra que o impulse a dar um salto quântico de crescimento.

Portanto, quero que você construa a sua pessoa para não ficar sem combustível. Para isso, apresento "o combustível da poupança". No esquema que você verá a seguir, coloquei as quantidades em dólares para fins práticos, mas você pode fazer tanto em dólares como na moeda do seu país. O importante é cumpri-lo até terminar a última semana; assim, você completará um ano com determinação e entusiasmo. Você escolhe o valor inicial de acordo com as suas metas, mas eu lhe proponho uma poupança semanal de trinta dólares durante as três primeiras semanas do mês e, na quarta semana, cinquenta dólares, os quais chamaremos de "acréscimo mente milionária".

Mas também quero lhe ensinar um plano mais livre: "O desafio DVC" (Disciplina, Vontade e Caráter). Consiste em um método de poupança escalável para assim desenvolver uma mente milionária de uma excelente maneira, com metas claras e estabelecendo os dias da semana que você desejar para fazê-lo. Pegue uma caixa e separe-a em quatro espaços. Em cada espaço, coloque uma etiqueta: Disciplina, Vontade, Caráter e Pensamento Milionário. Você determina o valor que depositará em cada espaço e o dia em que fará isso. Eu proponho que o faça por seis meses, mas, se preferir estender esse tempo, siga em frente. Não recomendo que o encurte, para que você forme um ótimo comportamento de poupança.

O COMBUSTÍVEL DA POUPANÇA

MÊS 1 → DISCIPLINA USD 30 / VONTADE USD 30 / CARÁTER USD 30 / ACRÉSCIMO MENTE MILIONÁRIA USD 50 → **TANQUE DE COMBUSTÍVEL 1** = SEMANA 1: USD 30 / SEMANA 2: USD 30 / SEMANA 3: USD 30 / SEMANA 4: USD 50 / **JANEIRO: USD 140**

MÊS 2 → DISCIPLINA USD 30 / VONTADE USD 30 / CARÁTER USD 30 / ACRÉSCIMO MENTE MILIONÁRIA USD 50 → **TANQUE DE COMBUSTÍVEL 2** = SEMANA 1: USD 30 / SEMANA 2: USD 30 / SEMANA 3: USD 30 / SEMANA 4: USD 50 / **FEVEREIRO: USD 140**

MÊS 3 → DISCIPLINA USD 30 / VONTADE USD 30 / CARÁTER USD 30 / ACRÉSCIMO MENTE MILIONÁRIA USD 50 → **TANQUE DE COMBUSTÍVEL 3** = SEMANA 1: USD 30 / SEMANA 2: USD 30 / SEMANA 3: USD 30 / SEMANA 4: USD 50 / **MARÇO: USD 140**

ATÉ DOZE MESES
- AJUSTE À SUA MOEDA
- NÃO INTERROMPA A POUPANÇA
- EVITE A GRATIFICAÇÃO IMEDIATA
- DEIXE ESTE ESQUEMA EM UM LUGAR VISÍVEL
- CONSTRUA DISCIPLINA, VONTADE E CARÁTER
- VOCÊ PODE FAZER ISSO A DOIS

(AGORA, INVISTA!)

O DESAFIO DVC

1. ESPAÇO DISCIPLINA
DURANTE SEIS MESES

DEPOSITE
USD 20 TODA
SEGUNDA-FEIRA

2. ESPAÇO VONTADE
DURANTE SEIS MESES

DEPOSITE
USD 30 TODA
QUARTA-FEIRA

3. ESPAÇO CARÁTER
DURANTE SEIS MESES

DEPOSITE
USD 40 TODA
SEXTA-FEIRA

4. ESPAÇO PENSAMENTO MILIONÁRIO
DURANTE SEIS MESES

DEPOSITE
USD 50 O DIA
QUE QUISER

MÔNACO VERSUS RÚSSIA (DÍVIDA PEQUENA OU DÍVIDA GRANDE)

Existem vários métodos para atacar as diferentes dívidas que você tiver contraído. Não há métodos bons nem ruins, tudo depende do seu perfil e do seu DNA monetário, dos montantes e da quantidade de dívidas que você tiver acumuladas. Com que dívida começar? Qual delas você precisa pagar o quanto antes? A seguir, apresento três métodos que o ajudarão a definir. Sua situação particular será o seu guia para estabelecer qual método é mais prático para você. Afinal, você tem a última palavra, então use o que lhe for mais conveniente.

- **MÉTODO ALL-INCLUSIVE.** Nada mais é do que obter o saldo de todas as suas dívidas, grandes e pequenas, sem se fazer de desentendido com nenhuma: registre absolutamente todas. Depois, você deverá liquidá-las em um único pagamento mediante um empréstimo que pode pedir ao seu banco. Se não puder obter esse empréstimo, deverá se sacrificar durante um tempo para encontrar outras fontes de renda que lhe deem o dinheiro que você necessita para quitá-las.

- **MÉTODO RÚSSIA.** Se você é dos que não dormem por pensar nos juros altos que está pagando, este método é para você. Faça uma lista com todas as suas dívidas, ordenando-as da maior para a menor, e destine toda a sua renda extra, bonificações etc. à primeira dívida da lista. Enquanto isso, realize os pagamentos mínimos de todas as outras dívidas adquiridas. Você demorará um pouco mais para pagá-las, mas garanto que a sua paciência lhe dará bons frutos. Trata-se de ir atacando as suas dívidas da maior para a menor, destinando energia e recursos para abordar sempre a "dívida Rússia", isto é, a maior. Quando terminar de pagá-la, passe à seguinte, e assim sucessivamente.

- **MÉTODO MÔNACO.** Recomendo este método para as pessoas que são meio impacientes e que gostam de ver resultados imediatos, já que você parte das "dívidas Mônaco", ou seja, das menores, e as ataca para ir eliminando uma a uma. O primeiro passo é fazer uma lista com todas as suas dívidas, ordenando-as da menor para a maior. Em seguida, destine toda a sua renda extra, bonificações etc. à primeira dívida da lista. Enquanto isso, realize os pagamentos mínimos de todas as demais dívidas adquiridas. Você sentirá uma grande gratificação ao ver que cada dívida vai sendo eliminada com mais rapidez.

INVESTIMENTO E DINHEIRO NA ERA DIGITAL

Há muitos anos, tenho ingerência no mundo dos bens de raiz e no ecossistema da consultoria de negócios, e se há algo que vi repetidas vezes é como as pessoas insistem em fazer negócios sob paradigmas obsoletos e velhas práticas. Por isso, quero deixar algumas ideias e reflexões básicas que lhe permitam ver esta era com outros olhos e com uma nova mentalidade.

- É preciso entender que a mente do cliente mudou. Estamos diante de uma pessoa mais bem informada, que tem tudo na palma da mão e que requer que você se conecte com ela em vinte segundos com uma mensagem que mobilize suas emoções e interesses. Do contrário, ela continuará consumindo informações e você se perderá em um mundo digital.

- Se você quiser gerar riqueza nesta era, é fundamental que deixe de consumir informações e se torne um gerador de conteúdo de valor. Dessa maneira, ao se conectar com o seu potencial cliente, o dinheiro virá como consequência.

- Nesta era digital, a base de tudo é primeiro criar audiência/tribo/clã onde você possa desenvolver um senso de pertencimento. As pessoas de hoje querem se sentir parte de algo importante, querem pertencer a um grupo e se sentir aceitas. Isso acontece com as tribos urbanas, ou então com todo o universo fitness, que a cada dia ganha mais adeptos. Meu conselho: primeiro crie comunidade em suas redes sociais; depois virá o senso de pertencimento, e isso gerará vendas.

- **Muitos empreendedores não entenderam que hoje é possível ganhar dinheiro sem dinheiro.** E continuam pensando que, se não têm um capital considerável, não têm oportunidades. Esse é um grave erro. O primeiro passo é se conectar com as pessoas de uma maneira honesta e demonstrar que você é capaz de ser um bom administrador de recursos. Há muito dinheiro esperando por ideias disruptivas. Por exemplo, para projetos imobiliários. Você pode ter apenas cinco a dez por cento do custo total do edifício, o restante pode vir de bancos e investidores privados. Só requer credibilidade e, sobretudo, saber vender a ideia.

- Se as empresas desta era quiserem gerar grandes recursos, deverão ter como plano de trabalho o fato de investir na "felicidade" do capital humano de sua empresa. Ou você acha que os empregados tristes trabalham e vendem melhor do que os felizes?

MINHAS RECOMENDAÇÕES

1. Nesta nova era digital, você deverá contar com um fundo de emergência, porque se não o tiver ficará de fora da jogada.

2. Se quiser obter liberdade financeira, primeiro você precisa ser "mentalmente milionário", porque do contrário o dinheiro fará o que quiser com a sua valiosa vida.

3. Padecer batalhas emocionais e financeiras não é um problema, são situações com as quais os seres humanos costumam lidar. Mas contamos com diferentes ferramentas para remediá-las. ==É preciso faturar todos os dias e ser felizes.==

4. A inteligência emocional é outra maneira de se conectar com o dinheiro, porque o dinheiro provoca emoções: depende de você gerenciá-las com ordem e compromisso.

5. A verdadeira liberdade não é fazer o que tiver vontade, e sim o que deixa o seu coração em paz.

MINHAS DICAS DE RIQUEZA

1. NUNCA CONFUNDA O GASTO DE DINHEIRO COM ACEITAÇÃO SOCIAL. QUEM O ACEITA FARÁ ISSO SEM SE PREOCUPAR COM QUANTO DINHEIRO VOCÊ TEM.

2. TER MAIS CRÉDITO NÃO SIGNIFICA QUE VOCÊ PODERÁ SE DAR MAIS GOSTOS. O CRÉDITO CUSTA. NINGUÉM DÁ NADA DE GRAÇA.

3. SE VOCÊ PENSAR APENAS COMO "CONSUMIDOR", GASTARÁ E GASTARÁ: SE PENSAR COMO "GERADOR", O DINHEIRO SEMPRE ABUNDARÁ EM SEU BOLSO.

} UMA MENTE MILIONÁRIA CONHECE E APLICA ESTAS REGRAS BÁSICAS

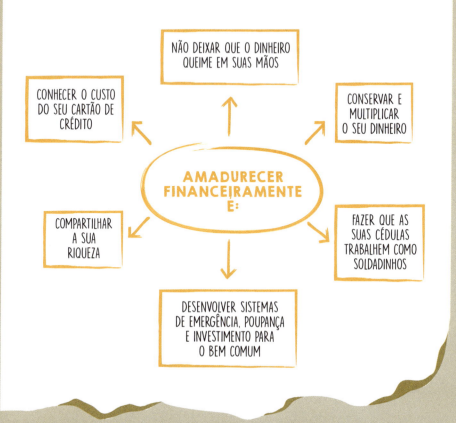

AMADURECER FINANCEIRAMENTE É:
- NÃO DEIXAR QUE O DINHEIRO QUEIME EM SUAS MÃOS
- CONHECER O CUSTO DO SEU CARTÃO DE CRÉDITO
- CONSERVAR E MULTIPLICAR O SEU DINHEIRO
- COMPARTILHAR A SUA RIQUEZA
- FAZER QUE AS SUAS CÉDULAS TRABALHEM COMO SOLDADINHOS
- DESENVOLVER SISTEMAS DE EMERGÊNCIA, POUPANÇA E INVESTIMENTO PARA O BEM COMUM

A UNIÃO FAZ A FORÇA

Por último, nesta nova era digital dispomos de um grande número de conhecimentos, e é preciso aproveitá-los ao máximo e em conjunto, atesourando a maior quantidade de riquezas existentes em nosso ecossistema.

As plataformas da riqueza que apresento a seguir unem diferentes sistemas para ==nos impulsar com mais força== rumo à conquista dos nossos objetivos. Dessa maneira, temos, por um lado, a plataforma da poupança, que é onde buscamos segurança e ter a menor quantidade de riscos. E, por outro lado, a plataforma do investimento, que é aquela onde encontramos um risco calculado e tentamos gerar produtos ou serviços, não só consumir. Finalmente, eu lhe proponho a união dessas duas, e assim você obterá a plataforma da mente milionária, com a qual terá uma mente aberta, com visão de longo prazo e atenta ao sistema digital no qual vivemos.

PLATAFORMAS DA RIQUEZA

PLATAFORMA DA POUPANÇA

- PERFIL DE SEGURANÇA
- RISCO NULO
- VOCÊ DESTINA DE 10% A 20% DA SUA RENDA
- HÁ POUCO PREPARO MENTAL PARA PERDER DINHEIRO

↓

SISTEMA APRENDIZAGEM

PLATAFORMA DO INVESTIMENTO

- PERFIL DE RISCO CALCULADO
- MOTIVADOR E MULTIPLICADOR DE RIQUEZA
- VOCÊ BUSCA RENDIMENTO DE 20% AO ANO
- GERA VALOR, NÃO SÓ CONSOME

↓

SISTEMA ATIVO

+

PLATAFORMA DA MENTE MILIONÁRIA

- VOCÊ COMPRA E GASTA COM INTELIGÊNCIA
- PADRÕES GLOBAIS
- VISÃO DE LONGO PRAZO
- AUTODIDATA
- VOCÊ TEM PAIXÃO DE SOBRA
- VOCÊ ENTREGA VALOR
- MUITA INTELIGÊNCIA EMOCIONAL
- OS TÍTULOS NÃO IMPORTAM TANTO
- VOCÊ FICA FELIZ A SEMANA TODA, NÃO SÓ NA SEXTA E NO SÁBADO

↓

SISTEMA DIGITAL

EPÍLOGO

Quero lhe agradecer, querido leitor e sócio de vida, por ter chegado até aqui. Fico muito feliz de saber que você chegou ao final do livro, porque isso quer dizer que pôde comprovar que é possível alcançar uma vida de liberdade financeira e abundância dando os passos adequados.

Este é o fim da leitura, mas o começo de outro caminho: o da prosperidade, da poupança, da sabedoria financeira, do investimento e, por fim, de um futuro de novos desafios. Também é o início de uma vida cheia de motivação, de inteligência emocional e de crescimento pessoal.

Você sabe que não basta compreender os conteúdos e realizar os exercícios. O que você começa agora é um trabalho permanente de mudança, de fortalecimento dos hábitos adquiridos e de criação de metas desafiadoras por meio das ferramentas que você já conhece e colocou em prática.

Sem dúvida, você fez várias modificações em suas maneiras de agir, mas há muitas outras a serem feitas. Eu o convido a revisar todos os conselhos, guias e recomendações deste livro. Você já aprendeu a usar sua tenacidade, disciplina e esforço para combater a adversidade financeira, e poderá avançar rumo aos passos que falta concretizar.

Mente milionária não é apenas um livro: de agora em diante, será um dos seus instrumentos de consulta mais úteis. Volte também, todas as vezes que necessitar, às anotações e reflexões que fez em seu caderno. Essas anotações e este livro serão um guia permanente que você poderá utilizar sempre que for preciso. Tenho certeza de que, valendo-se de seus dons e habilidades, você adotará novos paradigmas. Perceberá que o mundo está cheio de elementos que lhe servirão para a sua nutrição financeira e, o mais importante, você saberá como agir diante de situações sobre as quais antes não tinha nenhuma pista. Você pode fazer isso, e eu sei que vai conseguir.

Agora que você conhece mais sobre a sabedoria do dinheiro e seu potencial, sabe que hoje é possível alcançar uma liberdade financeira como nunca se havia visto na história da humanidade. Há muito conhecimento e talento que pode ser colocado a serviço dos demais, impactando milhões de pessoas ao redor do mundo. Simplesmente, convença-se de que você pode gerar prosperidade de maneira constante e permanente, e torne isso possível.

Eu sei que o mundo do dinheiro às vezes é difícil, e talvez a vida não o tenha colocado em uma situação de riqueza material, levando-o a ter que trabalhar duro para progredir fazendo o melhor que pode. Mas lembre-se de que o mais importante é o que você faz com essas cartas que recebeu: como as combina, reacomoda, conhece melhor e volta a jogá-las. Use a sua criatividade, rompa com o seu pensamento tradicional, reconheça as suas capacidades e atreva-se a colocá-las em prática para ganhar dinheiro com elas. Suas velhas feridas financeiras já não o condicionam. Você é consciente das suas conquistas e da sua projeção. Siga em frente!

Minha intenção foi lhe dar as bases para que você reflita e use a sua mente. Colha os frutos que você é capaz de colher. Utilize tudo o que lhe servir deste livro e coloque-o a serviço dos demais. Espero que a partir de hoje você volte a sorrir e a ter esperança. Você é maior do que qualquer problema ou dívida econômica. Volte ao seu interior e, a partir daí, reescreva a sua nova história de abundância e prosperidade. E, como eu sempre digo, vá e leve prosperidade aos seus. Nunca se esqueça de dar uma mão a quem mais necessita, que o universo lhe devolverá multiplicado.

AGRADECIMENTOS

Ao meu Deus, que é quem infunde os dons e talentos nos homens.

Aos meus filhos, Emiliano e Santiago, que são o meu grande motor de vida e inspiração.

Aos meus pais, por me dar valores de vida e promover em mim fazer sempre o correto.

À minha esposa, pela paciência e por tratar de entender a minha forma de pensar.

Ao meu irmão, pela nossa infância inseparável, sempre de mãos dadas.

Aos seguidores-sócios da minha fan page (*Mente millonaria* & *Piensa como rico*), que são a minha fonte de inspiração e que aceitaram minha filosofia e estilo tão híbrido entre educação financeira, motivação e desenvolvimento pessoal.

A um dos meus mentores, Alfredo Negrete G., por me ensinar as bases do ecossistema dos bens de raiz. Lembro dele com muito carinho e lhe sou muito grato.

Ao meu sócio e amigo, José Luis Martinez L., pela confiança, valentia e visão compartilhada.

À VR Editora, pela confiança e por entender que a educação financeira e a inteligência emocional não devem ficar no esquecimento.

Por último, a você, querido leitor, que está passando por uma situação difícil e complicada. Entendo a sua angústia e o seu desespero, mas acredite: há uma saída. Desenvolvendo a mentalidade correta, tudo é possível.

SUA OPINIÃO É MUITO IMPORTANTE
Mande um e-mail para **opiniao@vreditoras.com.br**
com o título deste livro no campo "Assunto".

1ª edição, out. 2020
FONTE Cronos Pro Light 12,3/18pt; KG HAPPY Solid Regular 18/20pt
PAPEL Offset 90g/m²
IMPRESSÃO Gráfica Santa Marta
LOTE SM8082